中等职业教育“十二五”规划教材
营业税改征增值税试点系列教材

财务会计实训

罗绍明　主编
杨雨杉　于清江　邓志娟　副主编

科学出版社
北京

内 容 简 介

本书是《财务会计》的配套用书，是为了方便教师开展教学，指导学生进行财务会计实训而编写的教学参考用书。

本书依据财政部与国家税务总局制定的《交通运输业和部分现代服务业营业税改征增值税试点实施办法》等最新财税政策编写，突出以培养能力为本位的模块化与流程式教学模式，针对同一家生产企业经营运作的不同环节设计实训项目，具体包括出纳业务实训、生产业务实训、销售业务实训、综合业务实训四个项目。

本书可作为职业学校会计及会计电算化专业的教学用书，也可作为参加国家、省市会计实务技能竞赛的辅导教材，也可供企业在职财务会计人员及对财务会计有兴趣的读者学习、参考。

图书在版编目（CIP）数据

财务会计实训/罗绍明主编. —北京：科学出版社，2013
（中等职业教育“十二五”规划教材・营业税改征增值税试点系列教材）
ISBN 978-7-03-037387-8

Ⅰ. ①财… Ⅱ. ①罗… Ⅲ. ①财务会计-职业教育-教材
Ⅳ. ①F234.4

中国版本图书馆 CIP 数据核字（2013）第 087411 号

责任编辑：任锋娟 王 琳 / 责任校对：马英菊
责任印制：吕春珉 / 封面设计：山鹰工作室

科学出版社 出版
北京东黄城根北街 16 号
邮政编码：100717
http://www.sciencep.com

三河市骏杰印刷有限公司印刷
科学出版社发行 各地新华书店经销

*

2013 年 5 月第 一 版 开本：787×1092 1/16
2021 年 1 月第五次印刷 印张：15
字数：355 000

定价：45.00 元

（如有印装质量问题，我社负责调换〈骏杰〉）
销售部电话 010-62134988 编辑部电话 010-62135517-2015（SF06）

前　　言

本书是《财务会计》的配套实训教材，是为了方便教师开展教学，指导学生进行财务会计实训而编写的教学参考用书。

本书依据财政部与国家税务总局制定的《交通运输业和部分现代服务业营业税改征增值税试点实施办法》等最新财税政策编写，本着理论联系实际、以学生为主体、提高学生的操作能力的教学理念，以一家服饰生产企业的经济业务为基础，针对该企业的经营运作流程设计出循序渐进的财务会计岗位实训项目，学生可以在高仿真的岗位项目中进行实训操作，这既有利于学生清晰地了解企业经营运作的流程，又有利于学生掌握企业经营环节各项会计业务的操作方法，加深对企业财务会计知识的理解，提高财务会计的操作技能。

本书突出以能力为本位的模块化与流程式教学模式，针对同一家企业经营运作的不同环节设计实训项目，具体包括出纳业务实训、生产业务实训、销售业务实训、综合业务实训 4 个项目。每个项目又具体细分为核算规则、实训要求、知识链接、核算资料、经济业务 5 个模块，其中，核算规则规定了各实训项目应采用的会计核算方法；实训要求提纲挈领地提出了各实训项目应达到的目的、要求及应培养的操作技能；知识链接简洁明了地列出了与实训相关的知识点；核算资料列出了各实训项目在实训操作时可能使用到的相关资料，包括核算企业资料、企业供应商资料、企业客户资料、期初余额、预留银行印鉴等；经济业务详细地列明了各实训项目的经济业务内容及相应的原始凭证。

本书由广东省汕头市鮀滨职业技术学校罗绍明担任主编，由云南省财经学校杨雨杉、吉林市吉林财经学校于清江、汕头市外语外贸职业技术学校邓志娟担任副主编，参编人员有河北省邯郸市第二财经学校孟俊贤、广东省林业职业技术学校陈洁璇、汕头市鮀滨职业技术学校王俊耀、李嘉琳等。本书由武汉工业学院龙子午担任主审，具体分工如下：项目一由邓志娟、孟俊贤编写，项目二由于清江、李嘉琳编写，项目三由陈洁璇、王俊耀编写，项目四由罗绍明、杨雨杉编写。全书由罗绍明统稿。

由于编者水平有限，书中的不足之处在所难免，恳请广大读者批评指正。相关意见与建议请发至 stluoming@163.com。

罗绍明

2013 年 1 月

目　　录

前言
项目一　出纳业务实训……1
一、核算规则……1
二、实训要求……1
三、知识链接……1
四、核算资料……2
五、经济业务……5
项目二　生产业务实训……55
一、核算规则……55
二、实训要求……55
三、知识链接……55
四、核算资料……56
五、经济业务……59
项目三　销售业务实训……105
一、核算规则……105
二、实训要求……105
三、知识链接……105
四、核算资料……106
五、经济业务……107
项目四　综合业务实训……157
一、核算规则……157
二、实训要求……157
三、知识链接……157
四、核算资料……158
五、经济业务……161
参考文献……233

项目一　出纳业务实训

一、核算规则

1）采用收、付、转类型记账凭证填制凭证。

2）采用科目汇总表核算形式登记总账。

3）该企业为一般纳税人，增值税税率为17%。

4）低值易耗品采用五五摊销法。

5）计算数据保留2位小数。

二、实训要求

1）填制原始凭证。

2）编制各经济业务的会计分录。

3）选用合适的方法进行错账更正。

4）编制收、付、转记账凭证并装订成册。

5）登记日记账（库存现金、银行存款日记账）。

6）登记总账（库存现金、银行存款、其他货币资金总账）。

7）编制银行存款余额调节表。

三、知识链接

1. 会计凭证概述

会计凭证简称凭证，是记录经济业务、明确经济责任，并作为记账依据的书面证明。会计凭证按照填制的程序和用途不同，分为原始凭证和记账凭证。

原始凭证又称单据，是在经济业务发生或完成时，由业务经办人员直接取得或者填制的，用以记录或证明某项经济业务的发生或完成情况，并明确有关经济责任的一种书面证明。原始凭证按其来源可分为外来原始凭证和自制原始凭证。原始凭证一般包括由仓库管理员验收材料时填制的收料单、由生产人员或其他用料部门领用材料时填制的领料单、由销售部门业务员销售产品时开出的销货发票等。

记账凭证是根据原始凭证或原始凭证汇总表编制的，用以编制会计分录，作为记账依据的会计凭证。记账凭证按其用途分为专用凭证和通用凭证。专用凭证是指专门用于某一类经济业务的凭证，具体可按其记录的经济业务是否涉及现金和银行存款的收付关系，分为收款凭证、付款凭证和转账凭证；通用凭证也称通用记账凭证，是指全部经济业务通用的一种记账凭证。

2. 会计凭证审核

原始凭证审核时，对于真实、合法、合理但内容不够完整、填写有错误的原始凭证，应退回给有关经办人员，由其负责将有关原始凭证补充完整、重开或更正错误，更正处应当加盖出具单位印章；对于金额有错误的，应当由填制人员重开，不得在原始凭证上更正。有些原始凭证，如发票、支票等，在作废时应加盖“作废”戳记，妥善保管，不得撕毁。

记账凭证审核时，如果发现未入账的记账凭证有错误，应重新填制；已入账的记账凭证有错误，应按规定的更正错误的方法予以更正。只有审核无误的记账凭证才能作为登记账簿的依据。

3. 错账更正方法

会计人员在填制记账凭证、登记账簿时必须严肃认真，一丝不苟。记账凭证或会计账簿记录发生错误，应根据具体情况按规定的方法进行更正，严禁刮擦、挖补、涂改或用化学药物褪色。更正错账的方法主要有划线更正法、红字更正法和补充登记法。

划线更正法是指用划线来更正错账的一种方法。在结账前发现账簿记录文字或数字错误，而记账凭证没有错误时，可以采用划线更正法。

红字更正法又称红字冲销法，是指用红字记账来冲销错账的一种方法。有两种情况可以采用红字更正法：一是记账凭证所记金额大于经济业务的实际金额，造成账簿记录错误；二是记账后发现原记账凭证上写错会计科目名称或借贷方向，造成账簿记录错误。

补充登记法是指对少记金额予以补充登记来更正错误的一种方法。补充登记法适用于记账后发现记账凭证中会计科目、记账方向没有错，但所记金额小于经济业务的实际金额的情况。

四、核算资料

1. 企业资料

（1）核算企业资料

核算企业资料见表 1-1。

表 1-1 核算企业资料

项目	内容	项目	内容
企业名称	广东博洋服饰有限公司	开户行及行号	中山市工行沙溪支行（21683）
开户账号（基本存款账户）	61682674052	纳税人识别号	440162256268024
借款转存账户（一般存款账户）	61682674279	证券交易结算资金账户（专用存款账户）	61682674526
地址	中山市沙溪建设路 289 号	电话	76327586
法定代表人	李润华	会计主管	陈永建
会计	杨欣梅	出纳	谢丽晴（440162198210252652）
备注	广东博洋服饰有限公司于 1998 年经中山市国税局认定为一般纳税人		

（2）企业供应商资料

企业供应商资料见表 1-2。

表 1-2 企业供应商资料

名称	开户账号	地址、电话	开户银行	行号	纳税人识别号
广东伟奇布业有限公司	11606313052	广州市工业大道 62 号，56672584	农行工业支行	02736	440101568268026
广东祥丰布业有限公司	41682543357	江门市江会路 172 号，82682584	工行环市支行	22472	440606498268020
广东曼琪纺织有限公司	21629413054	佛山顺德区南国中路 64 号，83682585	建行南国支行	16063	440305307268034
中山福乐大酒店有限公司	61722933067	中山市博爱路 188 号，88815566	工行博爱支行	21024	440161705268028
中山新文电器有限公司	61682674892	中山沙溪建设路 135 号，76383127	工行沙溪支行	21683	440162307267034

（3）企业客户资料

企业客户资料见表 1-3。

表 1-3 企业客户资料

名称	开户账号	地址、电话	开户银行	行号	纳税人识别号
广东千秋服饰有限公司	11634153054	广州市花城大道 72 号，56637584	工行花城支行	02496	440105564568023
广东秋实服饰有限公司	31676243355	佛山市福贤路 136 号，68682747	中行福贤支行	12532	440303443268027
广东万邦服饰有限公司	13657443035	广州市临江大道 9 号，87697282	建行临江支行	15032	440106208235036
广东千姿服饰有限公司	42934783058	珠海市石花西路 12 号，88396432	工行石花支行	32059	440506835254026

2. 期初余额

广东博洋服饰有限公司 2013 年 2 月 28 日部分总账账户期末余额见表 1-4。

表 1-4 总账账户期末余额

2013 年 2 月 28 日

单位：元

总账账户	借方余额	备注
库存现金	6 852.00	
银行存款	592 120.00	
其他货币资金	526 800.00	
合计	1 125 772.00	

3. 预留银行印鉴

预留银行印鉴见图 1-1。

图 1-1 预留银行印鉴

五、经济业务

1）2013 年 3 月 2 日，收到转账支票一张，见图 1-2，系广东千姿服饰有限公司支付前欠货款。另附银行进账单一张，见图 1-3。

中国工商银行支票（粤）　　GS 03044031

付款期限自出票之日起十天

出票日期（大写）贰零壹叁 年 叁 月 零贰 日　　付款行名称：工行石花支行

收款人：广东博洋服饰有限公司　　出票人账号：42934783058

人民币（大写）	千	百	十	万	千	百	十	元	角	分
肆万贰仟壹佰贰拾元整			¥	4	2	1	2	0	0	0

用途 支付货款

上列款项请从我账户内支付

出票人签章　广东千姿服饰有限公司财务专用章　王德胜

密码

行号

复核　　记账

附加信息：	被背书人	被背书人
	背书人签章 年　月　日	背书人签章 年　月　日

图 1-2　转账支票

中国工商银行进账单（回单）　　1

年　月　日

出票人	全　称		收款人	全　称	
	账　号			账　号	
	开户银行			开户银行	

金额	人民币（大写）	亿	千	百	十	万	千	百	十	元	角	分

票据种类		票据张数		
票据号码				
复核　　记账				开户银行盖章

此联是开户银行交给持（出）票人的回单

图 1-3　银行进账单

2）2013 年 3 月 3 日，签发现金支票，见图 1-4，提取现金 8 000 元备用。

中国工商银行支票存根（粤）
GS 01034001

附加信息

出票日期　　年　月　日

收款人：
金　额：
用　途：

单位主管　　　会计

付款期限自出票之日起十天

中国工商银行支票（粤）　　GS 01034001

出票日期（大写）　　年　月　日　　付款行名称：

收款人：　　出票人账号：

人民币（大写）	千	百	十	万	千	百	十	元	角	分

用途＿＿＿＿＿＿＿＿　　密码＿＿＿＿＿＿＿＿

上列款项请从　　行号＿＿＿＿＿＿＿＿

我账户内支付

出票人签章　广东博洋服饰有限公司财务专用章　李润华

复核　　记账

附加信息：	被背书人	被背书人
	背书人签章 年　月　日	背书人签章 年　月　日

（粘贴单处）

根据《中华人民共和国票据法》等法律法规的规定，签发空头支票由中国人民银行处以票面金额 5% 但不低于 1 000 元的罚款。

图 1-4　支票

3）2013 年 3 月 5 日，开出转账支票，见图 1-5，支付前欠广东伟奇布业有限公司材料款 53 820 元。

中国工商银行支票存根（粤）
GS 01034002

附加信息

出票日期　年　月　日

收款人：
金　额：
用　途：

单位主管　会计

付款期限自出票之日起十天

中国工商银行支票（粤）　GS 01034002

出票日期（大写）　年　月　日　付款行名称：
收款人：　出票人账号：

人民币（大写）	千	百	十	万	千	百	十	元	角	分

用途　密码
上列款项请从　行号
我账户内支付
出票人签章　广东博洋服饰有限公司财务专用章　李润华

复核　记账

附加信息：	被背书人	被背书人
	背书人签章 年　月　日	背书人签章 年　月　日

（粘贴单处）

根据《中华人民共和国票据法》等法律法规的规定，签发空头支票由中国人民银行处以票面金额 5% 但不低于 1 000 元的罚款。

图 1-5　支票

4）2013 年 3 月 6 日，采购员李志伟预借差旅费，以现金给付。借据见图 1-6。

借　据

No 0012031

2013 年 3 月 6 日

借款人	李志伟	借款事由	出差采购材料
借款金额	人民币（大写）：零拾零万贰仟零佰零拾零元零角零分　¥2 000.00		
负责人审批	同意 郑景成　　现金付讫		

第三联　记账

会计主管：陈永建　复核：杨欣梅　出纳：谢丽晴　签收：李志伟

图 1-6　借据

5）2013 年 3 月 6 日，填写银行本票申请书，见图 1-7，向开户银行申请签发银行本票，收款人为广东曼琪纺织有限公司，金额为 70 000 元。

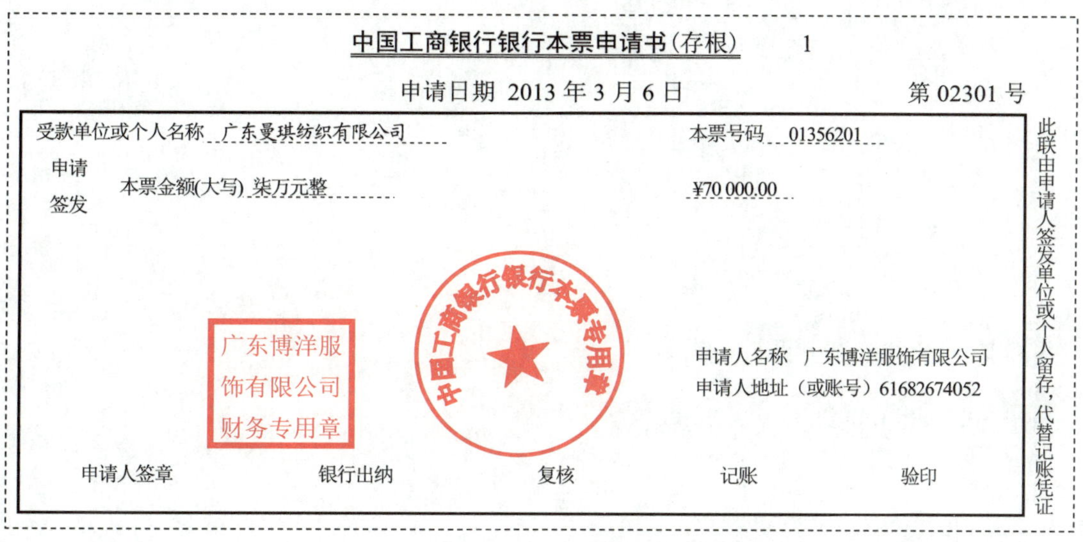

中国工商银行银行本票申请书（存根）　　1

申请日期 2013 年 3 月 6 日　　第 02301 号

受款单位或个人名称 广东曼琪纺织有限公司　　本票号码 01356201

申请签发　本票金额(大写) 柒万元整　　¥70 000.00

申请人名称　广东博洋服饰有限公司

申请人地址（或账号）61682674052

广东博洋服饰有限公司财务专用章

中国工商银行银行本票专用章

申请人签章　银行出纳　复核　记账　验印

此联由申请人签发单位或个人留存，代替记账凭证

图 1-7　银行本票申请书

6）2013 年 3 月 7 日，上缴上月未交增值税及附加税费。电子缴税凭证见图 1-8 和图 1-9。

中山市电子缴税系统回单

纳税人名称：广东博洋服饰有限公司　　纳税人编号：440162256268024

付款人名称	广东博洋服饰有限公司	收款人名称	中山市国家税务局
付款人账号	61682674052	收款人账号	61693665075
付款人开户行	中山市工行沙溪支行	收款人开户行	国家金库中山支库
款项内容	代扣（国税）税款	电子税票号	013262856
税种	所属期	纳税金额	备注
增值税	2013.02.01～2013.02.29	64 940.00	
合计	—	¥64 940.00	
人民币（大写）	陆万肆仟玖佰肆拾元整		

中国工商银行股份有限公司 中山沙溪支行 2013.03.07 办讫章 (2)

经办：　　复核：　　打印日期：2013.03.07

图 1-8　电子缴税凭证（一）

中山市电子缴税系统回单

纳税人名称：广东博洋服饰有限公司　　　　纳税人编号：440162256268024

付款人名称	广东博洋服饰有限公司	收款人名称	中山市地方税务局
付款人账号	61682674052	收款人账号	61682165072
付款人开户行	中山市工行沙溪支行	收款人开户行	国家金库中山支库
款项内容	代扣（地税）税款	电子税票号	013262872
税种	所属期	纳税金额	备注
城市维护建设税	2013.02.01～2013.02.29	4 545.80	
教育费附加	2013.02.01～2013.02.29	1 948.20	
合计	—	¥6 494.00	
人民币（大写）	陆仟肆佰玖拾肆元整		

中国工商银行股份有限公司
中山沙溪支行
2013.03.07
办讫章
(2)

经办：　　　　复核：　　　　打印日期：2013.03.07

图 1-9　电子缴税凭证（二）

7）2013 年 3 月 8 日，以交易为目的，通过二级市场购入骅威股份股票 5 000 股，每股市价为 24.5 元，另支付交易手续费等相关费用 178 元。委托买入交割单见图 1-10。

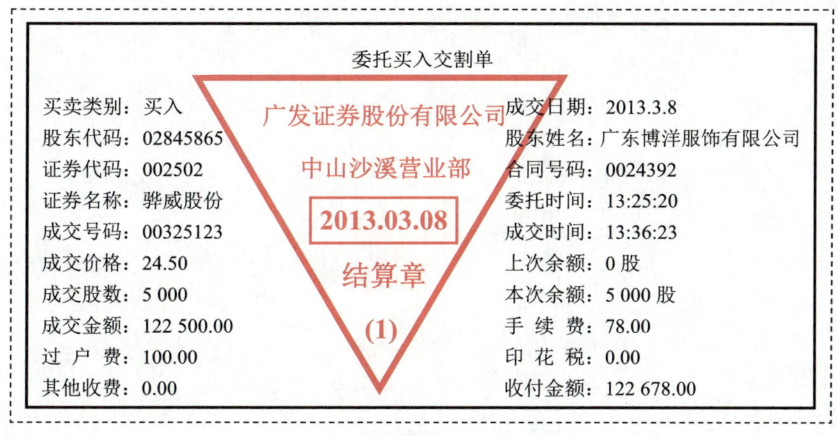

委托买入交割单

买卖类别：买入
股东代码：02845865
证券代码：002502
证券名称：骅威股份
成交号码：00325123
成交价格：24.50
成交股数：5 000
成交金额：122 500.00
过 户 费：100.00
其他收费：0.00

成交日期：2013.3.8
股东姓名：广东博洋服饰有限公司
合同号码：0024392
委托时间：13:25:20
成交时间：13:36:23
上次余额：0 股
本次余额：5 000 股
手 续 费：78.00
印 花 税：0.00
收付金额：122 678.00

广发证券股份有限公司
中山沙溪营业部
2013.03.08
结算章
(1)

图 1-10　委托买入交割单

8）2013 年 3 月 9 日，向广东曼琪纺织有限公司采购材料一批，并以本月 6 日申请的银行本票结算材料款。增值税专用发票、收据和收料单见图 1-11～图 1-13。

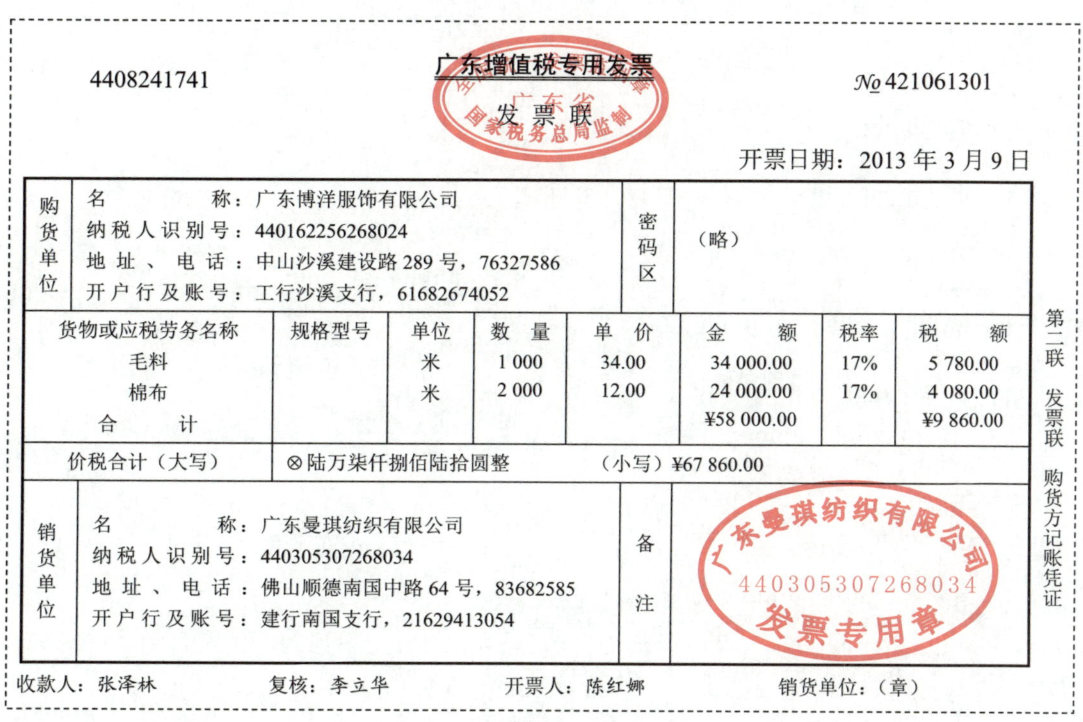

4408241741　　**广东增值税专用发票**　　№ 421061301

发 票 联

开票日期：2013 年 3 月 9 日

购货单位	名　　称：广东博洋服饰有限公司 纳税人识别号：440162256268024 地址、电话：中山沙溪建设路 289 号，76327586 开户行及账号：工行沙溪支行，61682674052			密码区	（略）		
货物或应税劳务名称	规格型号	单位	数　量	单　价	金　额	税率	税　额
毛料		米	1 000	34.00	34 000.00	17%	5 780.00
棉布		米	2 000	12.00	24 000.00	17%	4 080.00
合　计					¥58 000.00		¥9 860.00
价税合计（大写）	⊗陆万柒仟捌佰陆拾圆整　　（小写）¥67 860.00						
销货单位	名　　称：广东曼琪纺织有限公司 纳税人识别号：440305307268034 地址、电话：佛山顺德南国中路 64 号，83682585 开户行及账号：建行南国支行，21629413054			备注			

第二联　发票联　购货方记账凭证

收款人：张泽林　　复核：李立华　　开票人：陈红娜　　销货单位：（章）

图 1-11　增值税专用发票

收　据　　№ 0001141

2013 年 3 月 9 日

今收到　广东博洋服饰有限公司交来的银行本票一张。

金额（大写）：零拾柒万零仟零佰零拾零元零角零分（¥70 000.00）

第一联　交付款人

会计主管：陈莉　　复核：李立华　　收款人：张泽林　　单位盖章

图 1-12　收据

收　料　单

2013 年 3 月 9 日　　收字第 03001 号

材料名称	规格型号	单位	应收数量	实收数量	金额/元
毛料		米	1 000	1 000	34 000.00
棉布		米	2 000	2 000	24 000.00

仓库主管：陈德明　　验收：李怡华　　收料：朱永材

图 1-13　收料单

9）2013 年 3 月 10 日，购买办公用品，交行政办公室使用，以现金支付。通用机打发票见图 1-14。

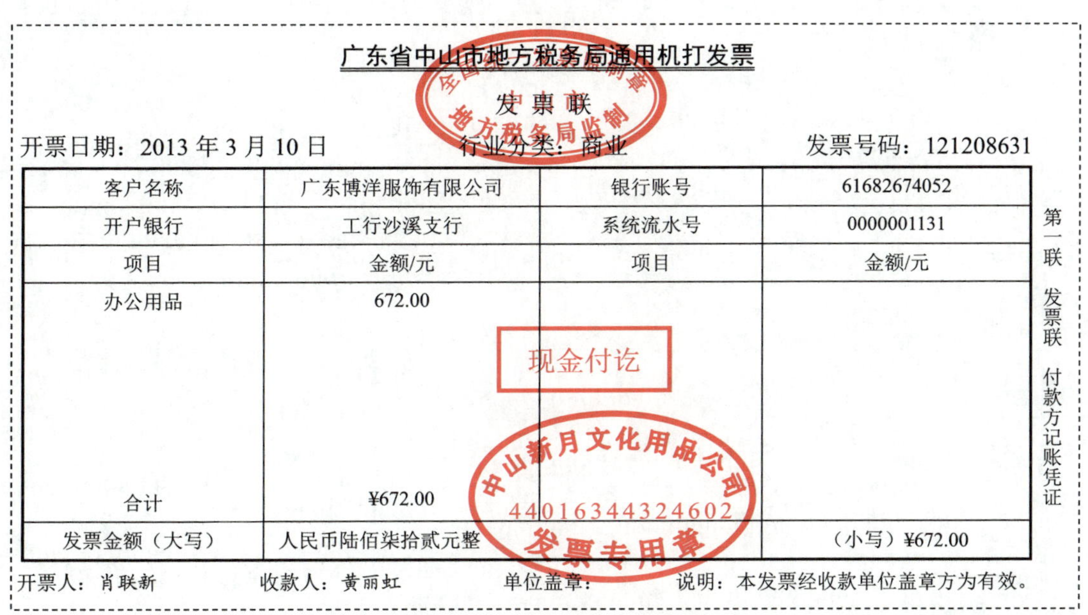

广东省中山市地方税务局通用机打发票

发票联

开票日期：2013 年 3 月 10 日　　行业分类：商业　　发票号码：121208631

客户名称	广东博洋服饰有限公司	银行账号	61682674052
开户银行	工行沙溪支行	系统流水号	0000001131
项目	金额/元	项目	金额/元
办公用品	672.00		
合计	¥672.00		
发票金额（大写）	人民币陆佰柒拾贰元整		（小写）¥672.00

开票人：肖联新　　收款人：黄丽虹　　单位盖章：　　说明：本发票经收款单位盖章方为有效。

第一联　发票联　付款方记账凭证

图 1-14　通用机打发票

10）2013 年 3 月 11 日，银行代发上月工资 216 859 元。委托转账申请表、工资清单和支票存根见图 1-15～图 1-17。

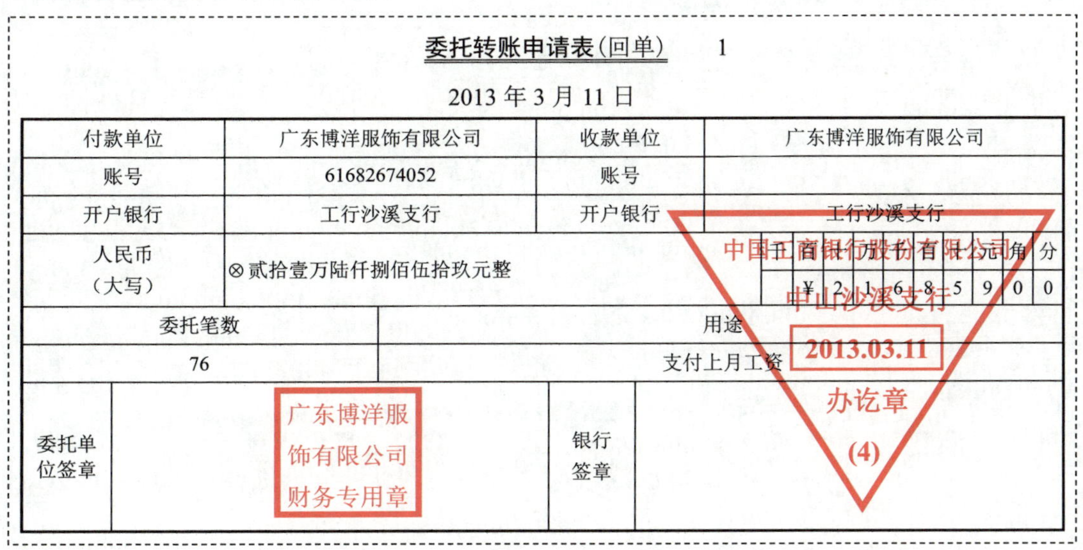

委托转账申请表（回单）　1

2013 年 3 月 11 日

付款单位	广东博洋服饰有限公司	收款单位	广东博洋服饰有限公司
账号	61682674052	账号	
开户银行	工行沙溪支行	开户银行	工行沙溪支行
人民币（大写）	⊗贰拾壹万陆仟捌佰伍拾玖元整		千 百 十 万 千 百 十 元 角 分：¥ 2 1 6 8 5 9 0 0
委托笔数		用途	
76		支付上月工资	
委托单位签章		银行签章	

图 1-15　委托转账申请表

工资清单

2013 年 2 月 29 日　　单位：元

序号	姓名	账号	基本工资	奖金	津贴补贴	应付工资	代扣款	实发工资
1	李润华	162 301	3 080.00	500.00	200.00	3 780.00	212.00	3 568.00
2	郑景成	162 302	2 970.00	400.00	150.00	3 520.00	171.00	3 349.00
3	陈永建	162 303	2 950.00	380.00	140.00	3 470.00	164.00	3 306.00
…	…	…	…	…	…	…	…	…
…	…	…	…	…	…	…	…	…
合计	—	—	…	…	…	…	…	216 859.00

单位负责人：李润华　　会计主管：陈永建　　会计：杨欣梅　　制表：谢丽晴

图 1-16　工资清单

中国工商银行支票存根（粤）

GS 01034003

附加信息

出票日期　2013 年 03 月 11 日

收款人：广东博洋服饰公司
金　额：¥216 859.00
用　途：支付工资

单位主管　李润华　　会计　杨欣梅

图 1-17　支票存根

11）2013 年 3 月 12 日，根据合同向广东千秋服饰有限公司销售西服 260 件，单价为 368 元；针织衫 360 件，单价为 162 元，货款已收存银行。增值税专用发票和托收凭证（收账通知）见图 1-18 和图 1-19。

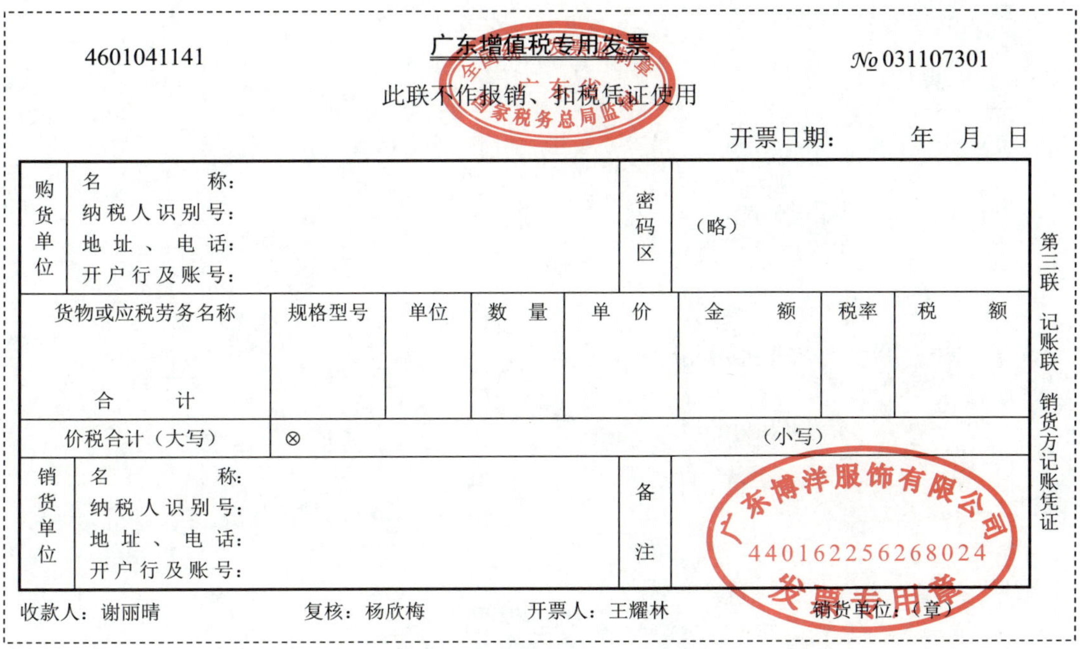

4601041141　　**广东增值税专用发票**　　№ 031107301

此联不作报销、扣税凭证使用

开票日期：　　年　月　日

购货单位	名称： 纳税人识别号： 地址、电话： 开户行及账号：				密码区	（略）		
货物或应税劳务名称	规格型号	单位	数量	单价	金额	税率	税额	
合计								
价税合计（大写）	⊗				（小写）			
销货单位	名称： 纳税人识别号： 地址、电话： 开户行及账号：				备注			

收款人：谢丽晴　　复核：杨欣梅　　开票人：王耀林　　销货单位：（章）

第三联　记账联　销货方记账凭证

图 1-18　增值税专用发票

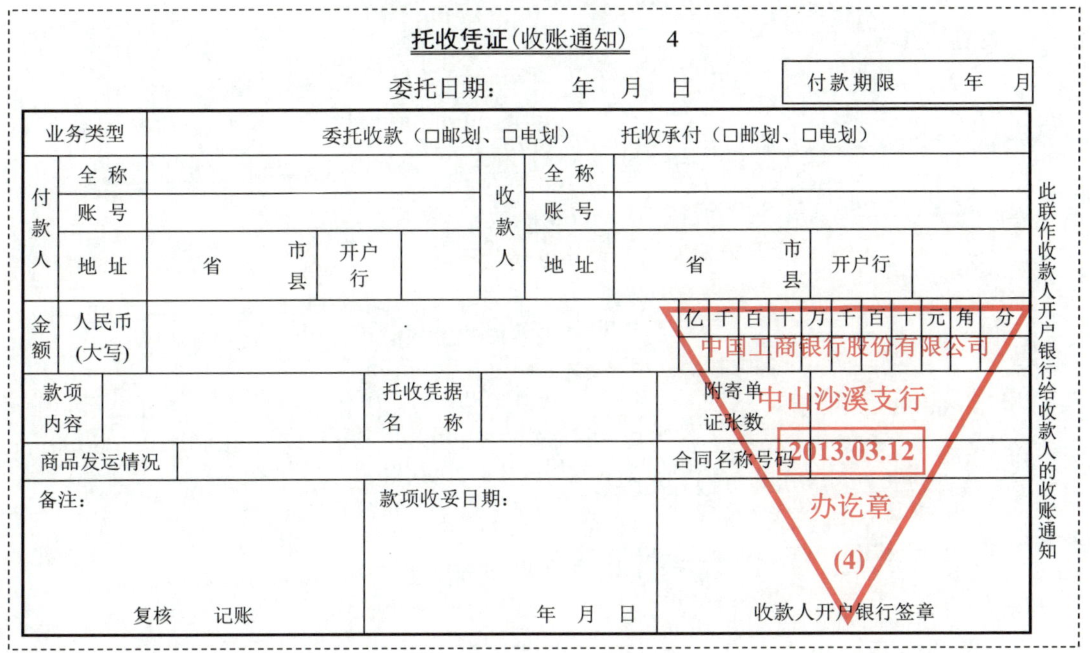

托收凭证（收账通知）　4

委托日期：　　年　月　日　　付款期限　　年　月

业务类型	委托收款（□邮划、□电划）　托收承付（□邮划、□电划）						
付款人	全称			收款人	全称		
	账号				账号		
	地址	省　市县	开户行		地址	省　市县	开户行
金额	人民币（大写）					亿千百十万千百十元角分	
款项内容		托收凭据名称				附寄单证张数	
商品发运情况						合同名称号码	
备注： 复核　记账		款项收妥日期： 年　月　日				收款人开户银行签章	

此联作收款人开户银行给收款人的收账通知

图 1-19　托收凭证（收账通知）

12）2013 年 3 月 12 日，向中山新文电器有限公司购买除湿器 5 台，每台 480 元，交车间在产品库（指生产车间设置的，用于临时保管在产品的仓库）使用。增值税专用发票、支票、低值易耗品入库单、低值易耗品出库单和低值易耗品摊销计算表见图 1-20～图 1-24。

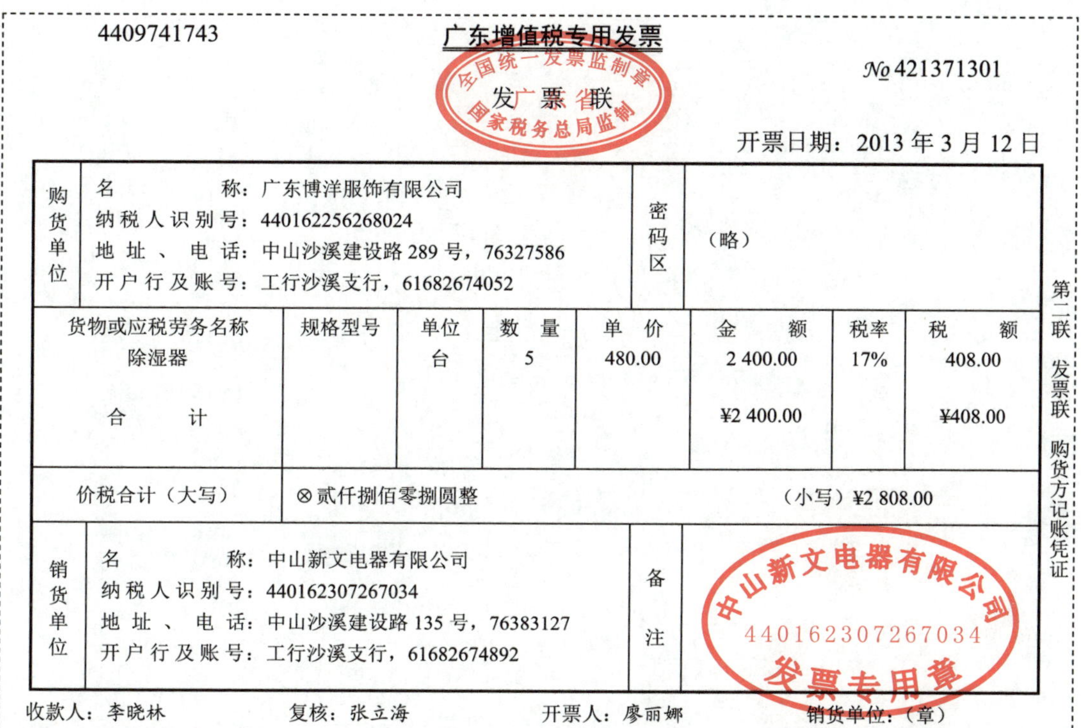

4409741743

广东增值税专用发票

发票联

№ 421371301

开票日期：2013 年 3 月 12 日

购货单位	名　　称：广东博洋服饰有限公司 纳税人识别号：440162256268024 地址、电话：中山沙溪建设路 289 号，76327586 开户行及账号：工行沙溪支行，61682674052	密码区	（略）

货物或应税劳务名称	规格型号	单位	数量	单价	金额	税率	税额
除湿器		台	5	480.00	2 400.00	17%	408.00
合　计					¥2 400.00		¥408.00
价税合计（大写）	⊗贰仟捌佰零捌圆整				（小写）¥2 808.00		

销货单位	名　　称：中山新文电器有限公司 纳税人识别号：440162307267034 地址、电话：中山沙溪建设路 135 号，76383127 开户行及账号：工行沙溪支行，61682674892	备注	

收款人：李晓林　　复核：张立海　　开票人：廖丽娜　　销货单位：（章）

第二联　发票联　购货方记账凭证

图 1-20　增值税专用发票

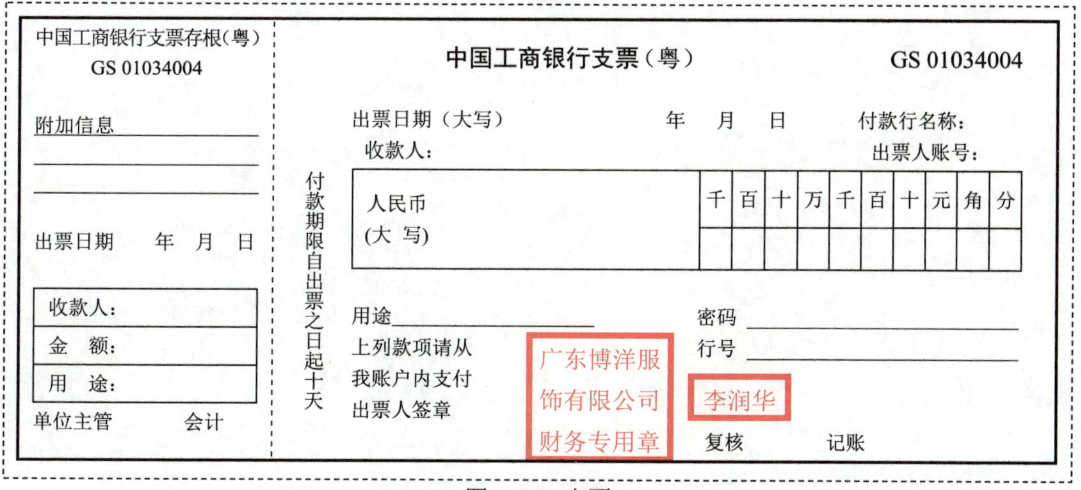

中国工商银行支票存根（粤）
GS 01034004

附加信息

出票日期　　年　月　日

收款人：
金　额：
用　途：

单位主管　　会计

付款期限自出票之日起十天

中国工商银行支票（粤）　　GS 01034004

出票日期（大写）　　年　月　日　　付款行名称：

收款人：　　出票人账号：

人民币（大写）	千	百	十	万	千	百	十	元	角	分

用途________　　密码________

上列款项请从　　行号________

我账户内支付

出票人签章

复核　　记账

图 1-21　支票

低值易耗品入库单(财会联)

2013 年 3 月 12 日　　NO：12101

名称及规格	单位	入库数量	单价/元	金额/元
除湿器	台	5	480.00	2 400.00

仓库主管：陈德明　　验收：李怡华　　收料：朱永材

图 1-22　低值易耗品入库单

低值易耗品出库单(财会联)

用途：车间在产品库用　　2013 年 3 月 12 日　　NO：10301

名称及规格	单位	请领数量	实发数量	单价/元	金额/元
除湿器	台	5	5	480.00	2 400.00

仓库主管：陈德明　　经手人：刘江华　　保管员：朱永材

图 1-23　低值易耗品出库单

低值易耗品摊销计算表

用途：车间在产品库用　　2013 年 3 月 12 日

名称及规格	单位	数量	待摊金额/元	本期摊销比例/%	摊销金额/元
除湿器	台	5	2 400.00	50	1 200.00

会计主管：陈永建　　会计：杨欣梅　　制表：谢丽晴

图 1-24　低值易耗品摊销计算表

13）2013 年 3 月 13 日，收到广东曼琪纺织有限公司退回的银行本票多余款 2 140 元。转账支票和银行进账单见图 1-25 和图 1-26。

中国建设银行支票（粤）　　GS 04030001

付款期限自出票之日起十天

出票日期（大写）贰零壹叁 年 叁 月 壹拾叁 日　　付款行名称：建行南国支行

收款人：广东博洋服饰有限公司　　出票人账号：21629413054

人民币(大 写)	千	百	十	万	千	百	十	元	角	分
贰仟壹佰肆拾元整				¥	2	1	4	0	0	0

用途 支付银行本票余款　　密码

上列款项请从　　行号

我账户内支付

出票人签章　广东曼琪纺织有限公司财务专用章　廖琪燕　　复核　　记账

附加信息：	被背书人	被背书人
	背书人签章 年 月 日	背书人签章 年 月 日

图 1-25　转账支票

中国工商银行进账单（回单）　　1

年　月　日

出票人	全　称		收款人	全　称	
	账　号			账　号	
	开户银行			开户银行	
金额	人民币（大写）		亿 千 百 十 万 千 百 十 元 角 分		
票据种类		票据张数			
票据号码					
复核	记账		开户银行盖章		

此联是开户银行交给持（出）票人的回单

图 1-26　银行进账单

14）2013 年 3 月 14 日，向银行借入为期 9 个月的借款，款项已划入公司存款户。借款转存凭证见图 1-27。

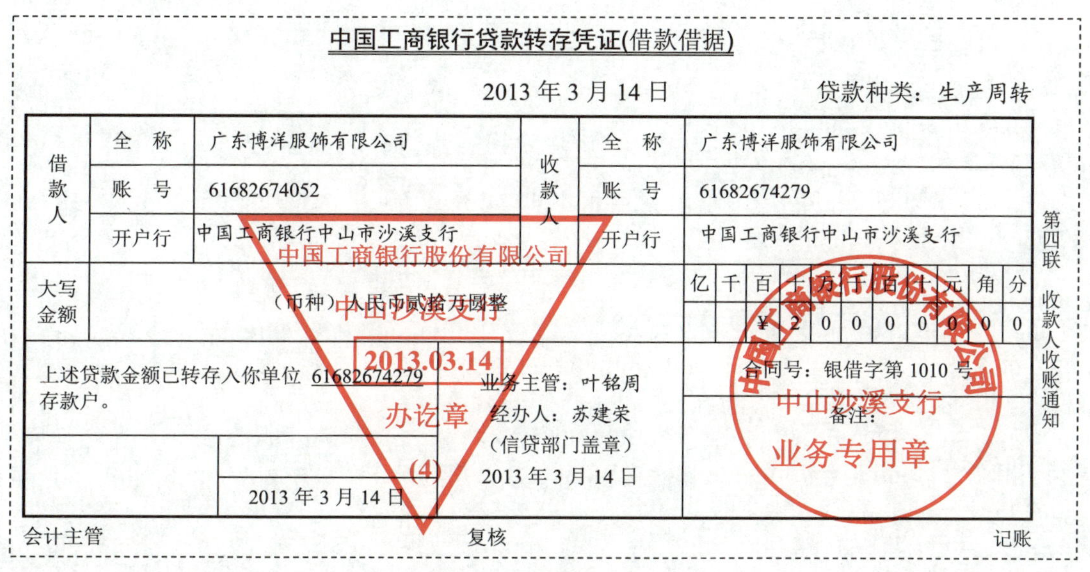

中国工商银行贷款转存凭证(借款借据)

2013 年 3 月 14 日　　　　贷款种类：生产周转

借款人	全　称	广东博洋服饰有限公司	收款人	全　称	广东博洋服饰有限公司
	账　号	61682674052		账　号	61682674279
	开户行	中国工商银行中山市沙溪支行		开户行	中国工商银行中山市沙溪支行
大写金额	（币种）人民币贰拾万圆整			亿 千 百 十 万 千 百 十 元 角 分	¥ 2 0 0 0 0 0 0 0
上述贷款金额已转存入你单位 61682674279 存款户。		业务主管：叶铭周 经办人：苏建荣 （信贷部门盖章） 2013 年 3 月 14 日		合同号：银借字第 1010 号 备注：	
	2013 年 3 月 14 日				

会计主管　　　　复核　　　　记账

第四联　收款人收账通知

中国工商银行股份有限公司 中山沙溪支行 2013.03.14 办讫章 (4)

中国工商银行股份有限公司 中山沙溪支行 业务专用章

图 1-27　借款转存凭证

15）2013 年 3 月 15 日，拨付给销售科定额备用金 5 000 元，以现金支付。借据见图 1-28。

借　　据　　　　№ 0003001

2013 年 3 月 15 日

`借款人	梁伟峰	借款事由	拨付销售科定额备用金
借款金额	人民币（大写）：零拾零万伍仟零佰零拾零元零角零分　¥:5 000.00		
负责人审批	同意 谢惠华		现金付讫

会计主管：陈永建　　复核：杨欣梅　　出纳：谢丽晴　　签收：梁伟峰

第三联　记账

图 1-28　借据

16）2013 年 3 月 18 日，支付上月水电费。电费发票、特种转账借方凭证和水费发票见图 1-29～图 1-32。

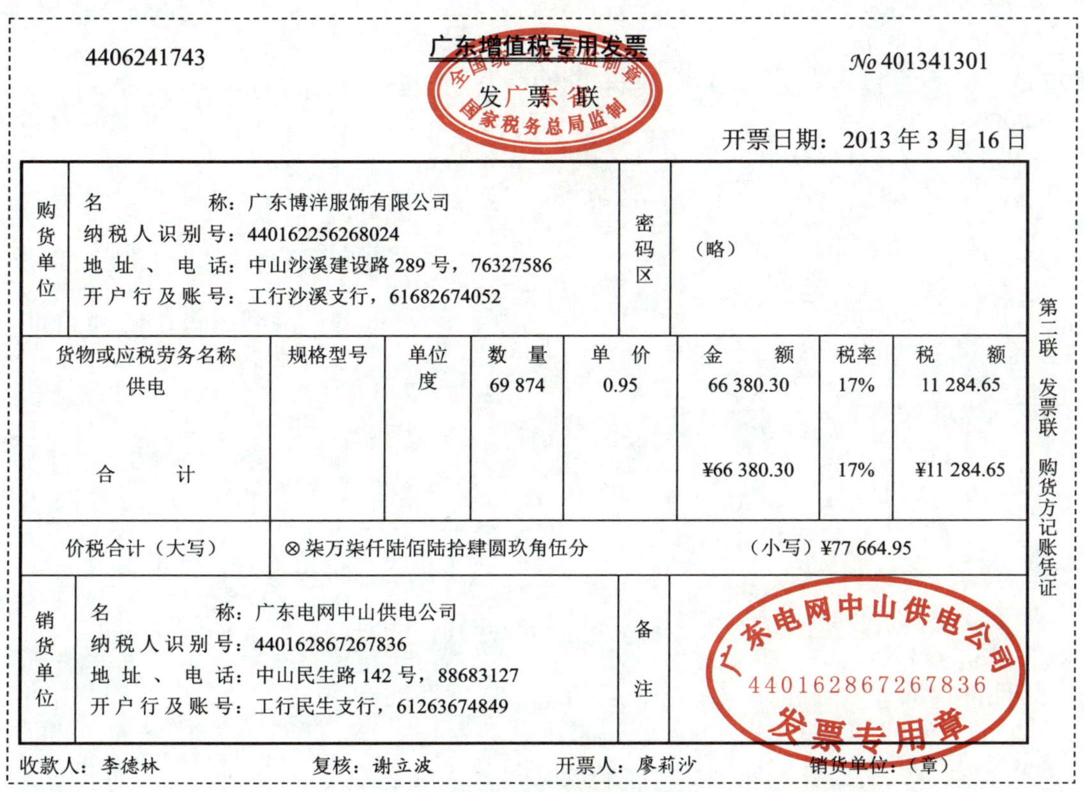

4406241743　　**广东增值税专用发票**　　№ 401341301

发票联

开票日期：2013 年 3 月 16 日

购货单位	名　　称：广东博洋服饰有限公司 纳税人识别号：440162256268024 地址、电话：中山沙溪建设路 289 号，76327586 开户行及账号：工行沙溪支行，61682674052				密码区	（略）		
货物或应税劳务名称	规格型号	单位	数量	单价	金额	税率	税额	
供电		度	69 874	0.95	66 380.30	17%	11 284.65	
合　　计					¥66 380.30	17%	¥11 284.65	
价税合计（大写）	⊗柒万柒仟陆佰陆拾肆圆玖角伍分				（小写）¥77 664.95			
销货单位	名　　称：广东电网中山供电公司 纳税人识别号：440162867267836 地址、电话：中山民生路 142 号，88683127 开户行及账号：工行民生支行，61263674849				备注			

第二联　发票联　购货方记账凭证

收款人：李德林　　复核：谢立波　　开票人：廖莉沙　　销货单位：（章）

图 1-29　电费发票

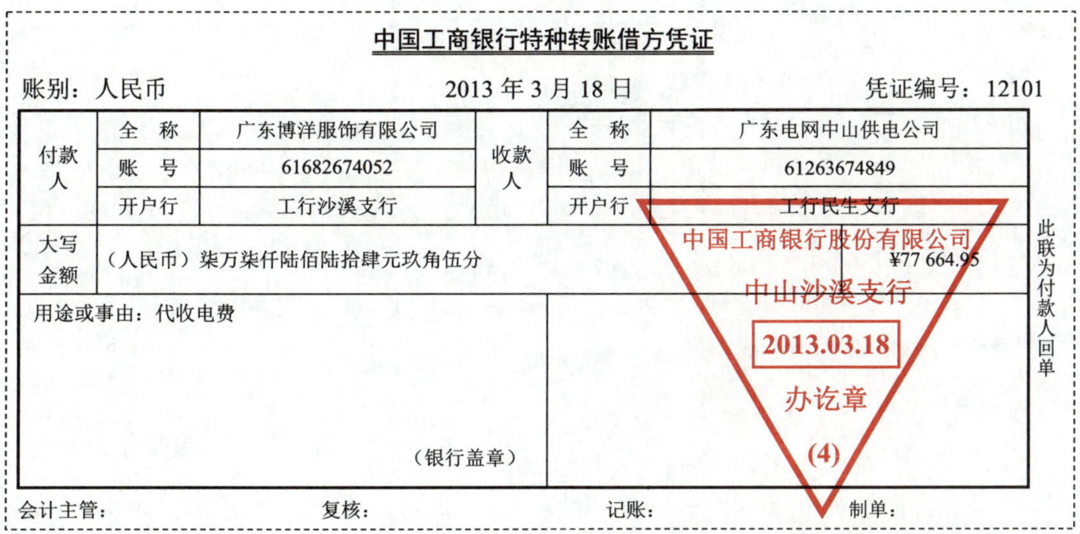

中国工商银行特种转账借方凭证

账别：人民币　　2013 年 3 月 18 日　　凭证编号：12101

付款人	全　称	广东博洋服饰有限公司	收款人	全　称	广东电网中山供电公司
	账　号	61682674052		账　号	61263674849
	开户行	工行沙溪支行		开户行	工行民生支行
大写金额	（人民币）柒万柒仟陆佰陆拾肆元玖角伍分				¥77 664.95
用途或事由：代收电费 （银行盖章）					

此联为付款人回单

会计主管：　　复核：　　记账：　　制单：

图 1-30　特种转账借方凭证（一）

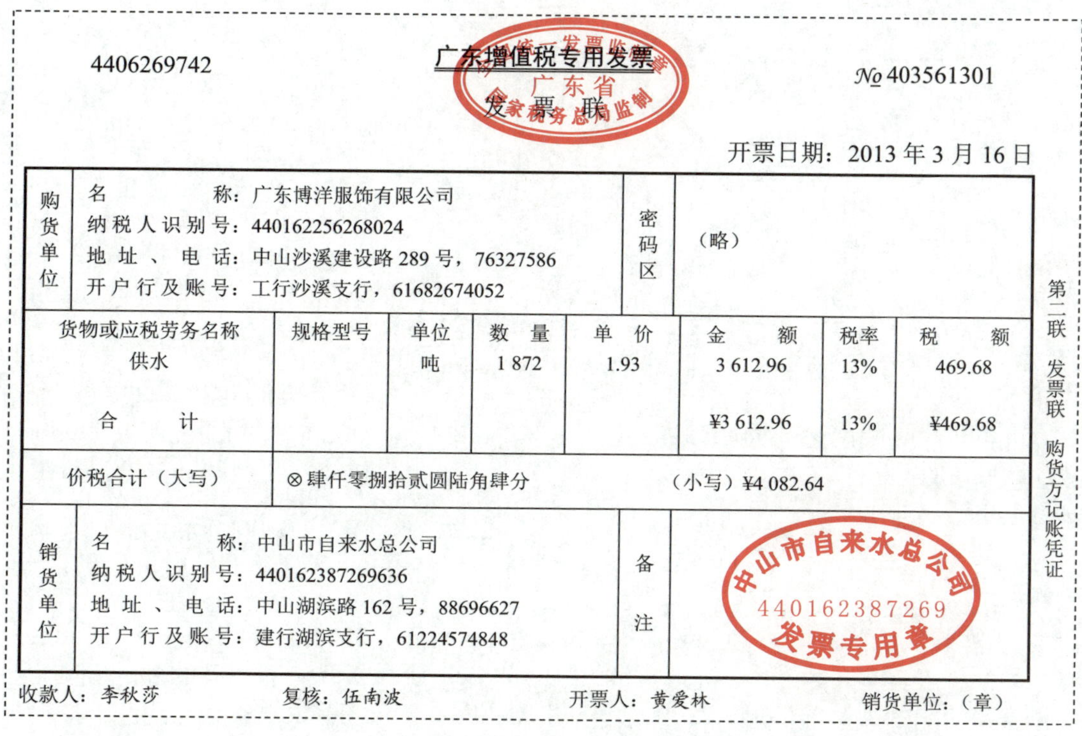

4406269742　　**广东增值税专用发票**　　№ 403561301

发　票　联

开票日期：2013 年 3 月 16 日

购货单位	名　　称：广东博洋服饰有限公司 纳税人识别号：440162256268024 地址、电话：中山沙溪建设路 289 号，76327586 开户行及账号：工行沙溪支行，61682674052					密码区	（略）	
货物或应税劳务名称	规格型号	单位	数　量	单　价	金　　额	税率	税　　额	
供水		吨	1 872	1.93	3 612.96	13%	469.68	
合　　计					¥3 612.96	13%	¥469.68	
价税合计（大写）	⊗肆仟零捌拾贰圆陆角肆分				（小写）¥4 082.64			
销货单位	名　　称：中山市自来水总公司 纳税人识别号：440162387269636 地址、电话：中山湖滨路 162 号，88696627 开户行及账号：建行湖滨支行，61224574848					备注		

收款人：李秋莎　　复核：伍南波　　开票人：黄爱林　　销货单位：（章）

第二联　发票联　购货方记账凭证

图 1-31　水费发票

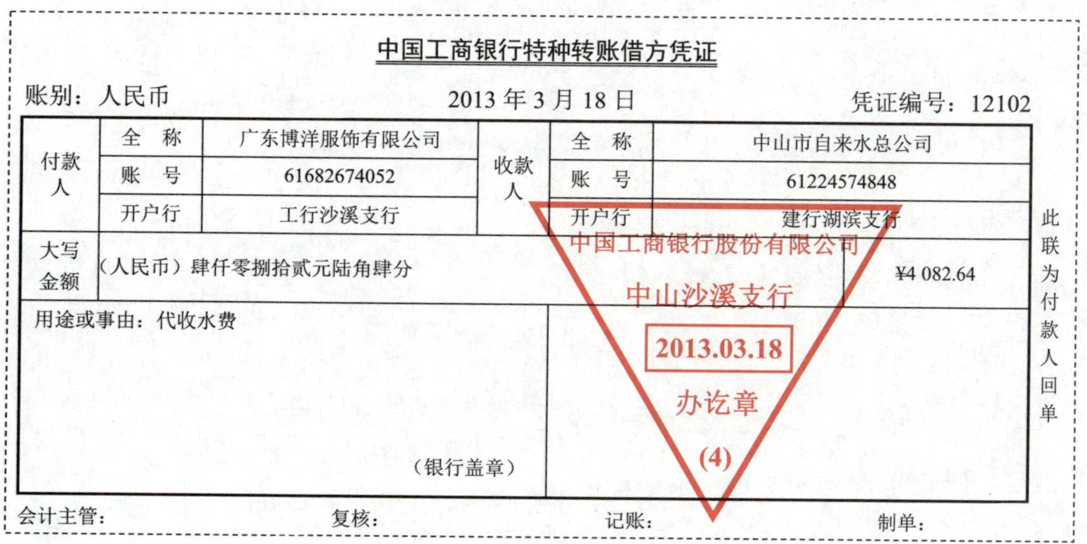

中国工商银行特种转账借方凭证

账别：人民币　　2013 年 3 月 18 日　　凭证编号：12102

付款人	全　称	广东博洋服饰有限公司	收款人	全　称	中山市自来水总公司
	账　号	61682674052		账　号	61224574848
	开户行	工行沙溪支行		开户行	建行湖滨支行
大写金额	（人民币）肆仟零捌拾贰元陆角肆分				¥4 082.64
用途或事由：代收水费 （银行盖章）					

会计主管：　　复核：　　记账：　　制单：

此联为付款人回单

图 1-32　特种转账借方凭证（二）

17）2013 年 3 月 19 日，开出转账支票，支付前欠广东祥丰布业有限公司的材料款 10 800 元。支票见图 1-33。

中国工商银行支票存根（粤）
GS 01034005

附加信息

出票日期　　年　月　日

收款人：
金　额：
用　途：

单位主管　　会计

付款期限自出票之日起十

中国工商银行支票（粤）　　GS 01034005

出票日期（大写）　　年　　月　　日　　付款行名称：
收款人：　　出票人账号：

人民币（大写）	千	百	十	万	千	百	十	元	角	分

用途　　密码
上列款项请从　　行号
我账户内支付
出票人签章　广东博洋服饰有限公司财务专用章　李润华
复核　　记账

附加信息：	被背书人	被背书人
	背书人签章 年 月 日	背书人签章 年 月 日

（粘贴单处）

根据《中华人民共和国票据法》等法律法规的规定，签发空头支票由中国人民银行处以票面金额 5%但不低于 1 000 元的罚款。

图 1-33　支票

18）2013 年 3 月 20 日，以交易为目的，通过二级市场购入潍柴动力股份有限公司（000338）股票 2 000 股，每股市价为 46.80 元，另支付交易手续费等相关费用 147 元。潍柴动力于 3 月 16 日宣告每 10 股派发现金股利 6 元，该现金股利将按 3 月 25 日的股东名册发放。委托买入交割单、分红派息实施公告和应收股利计算表见图 1-34～图 1-36。

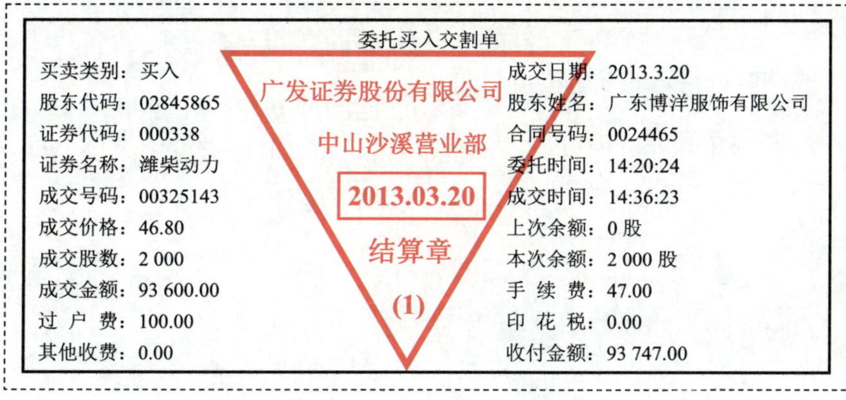
委托买入交割单

买卖类别：买入	成交日期：2013.3.20
股东代码：02845865	股东姓名：广东博洋服饰有限公司
证券代码：000338	合同号码：0024465
证券名称：潍柴动力	委托时间：14:20:24
成交号码：00325143	成交时间：14:36:23
成交价格：46.80	上次余额：0 股
成交股数：2 000	本次余额：2 000 股
成交金额：93 600.00	手 续 费：47.00
过 户 费：100.00	印 花 税：0.00
其他收费：0.00	收付金额：93 747.00

广发证券股份有限公司 中山沙溪营业部 2013.03.20 结算章 (1)

图 1-34　委托买入交割单

潍柴动力股份有限公司 2012 年年度分红派息实施公告

潍柴动力股份有限公司（000338）2012 年年度权益分派方案为每 10 股派 6 元人民币现金。

股权登记日：2013 年 3 月 25 日。除息日：2013 年 3 月 26 日。

本公司此次委托中国结算深圳分公司代派的股息将于 2013 年 3 月 26 日通过股东托管证券公司（或其他托管机构）直接划入其资金账户。

潍柴动力股份有限公司

2013 年 3 月 16 日

图 1-35　分红派息实施公告

应收股利计算表

2013 年 3 月 20 日

项目	股份数	股利分配率	应分得股利/元
应收股利	2 000	0.60	1 200.00
合计	2 000	0.60	¥1 200.00

会计主管：陈永建　　会计：杨欣梅　　制表：梁芳

图 1-36　应收股利计算表

19）2013 年 3 月 22 日，采购员李志伟报销差旅费，并以现金补付不足部分。差旅费报销单见图 1-37。

差旅费报销单

2013 年 3 月 22 日　　附原始单据 10 张

出差人	李志伟	出差事由	出差采购材料	
项目	单据张数	金额/元	出差补贴/元	
火车票、汽车票	2	800.00	出差地点	
飞机票、轮船票			出差时间	
市内交通费	6	18.00	出差天数	
食宿费	1	1 362.00	补贴标准	现金付讫
其他			补贴金额	
小计		¥2 180.00	小计	
合计	人民币贰仟壹佰捌拾圆整		¥2 180.00	
单位领导审批：同意 李润华			部门主管审批：同意 郑景成	

会计主管：陈永建　　复核：杨欣梅　　出纳：谢丽晴　　领款人：李志伟

图 1-37　差旅费报销单

20）2013 年 3 月 24 日，根据合同向广东秋实服饰有限公司销售衬衫 400 件，单价为 88 元；风衣 180 件，单价为 196 元，货款已收存银行。增值税专用发票记账联、转账支票和银行进账单见图 1-38～图 1-40。

广东增值税专用发票

4601041141　　　　№ 031107302

此联不作报销、扣税凭证使用

全国统一发票监制章 广东省 国家税务总局监制

开票日期：　　年　月　日

购货单位	名称： 纳税人识别号： 地址、电话： 开户行及账号：					密码区	（略）	
货物或应税劳务名称	规格型号	单位	数量	单价	金额	税率	税额	
合计								
价税合计（大写）	⊗				（小写）			
销货单位	名称： 纳税人识别号： 地址、电话： 开户行及账号：					备注	广东博洋服饰有限公司 440162256268024 发票专用章	

收款人：谢丽晴　　复核：杨欣梅　　开票人：王耀林　　销货单位：（章）

第三联 记账联 销货方记账凭证

图 1-38　增值税专用发票记账联

中国银行支票（粤）　　GS 03864031

出票日期（大写）贰零壹叁 年 叁 月 贰拾肆 日　　付款行名称：中行福贤支行

收款人：广东博洋服饰有限公司　　出票人账号：31676243355

人民币（大写）	捌万贰仟肆佰陆拾壹元陆角整	千	百	十	万	千	百	十	元	角	分
				¥	8	2	4	6	1	6	0

付款期限自出票之日起十天

用途　支付货款

上列款项请从

我账户内支付

出票人签章　　广东秋实服饰有限公司财务专用章　　陈婉秋

密码

行号

复核　　记账

附加信息：	被背书人 背书人签章 年　月　日	被背书人 背书人签章 年　月　日

图 1-39　转账支票

中国工商银行进账单（回单）　　1

年　　月　　日

<table>
<tr><td rowspan="3">出票人</td><td>全　　称</td><td colspan="3"></td><td rowspan="3">收款人</td><td>全　　称</td><td colspan="2"></td></tr>
<tr><td>账　　号</td><td colspan="3"></td><td>账　　号</td><td colspan="2"></td></tr>
<tr><td>开户银行</td><td colspan="3"></td><td>开户银行</td><td colspan="2"></td></tr>
<tr><td>金额</td><td colspan="6">人民币
(大写)</td><td colspan="2">亿 千 百 十 万 千 百 十 元 角 分</td></tr>
<tr><td colspan="2">票据种类</td><td></td><td>票据张数</td><td></td><td colspan="4" rowspan="3">开户银行盖章</td></tr>
<tr><td colspan="2">票据号码</td><td colspan="3"></td></tr>
<tr><td colspan="5">复核　　　　记账</td></tr>
</table>

此联是开户银行交给持（出）票人的回单

图 1-40　银行进账单

21）2013 年 3 月 25 日，为拓展产品销售，支付客户招待餐饮费 3 600 元，以银行存款支付。通用机打发票和支票见图 1-41～图 1-42。

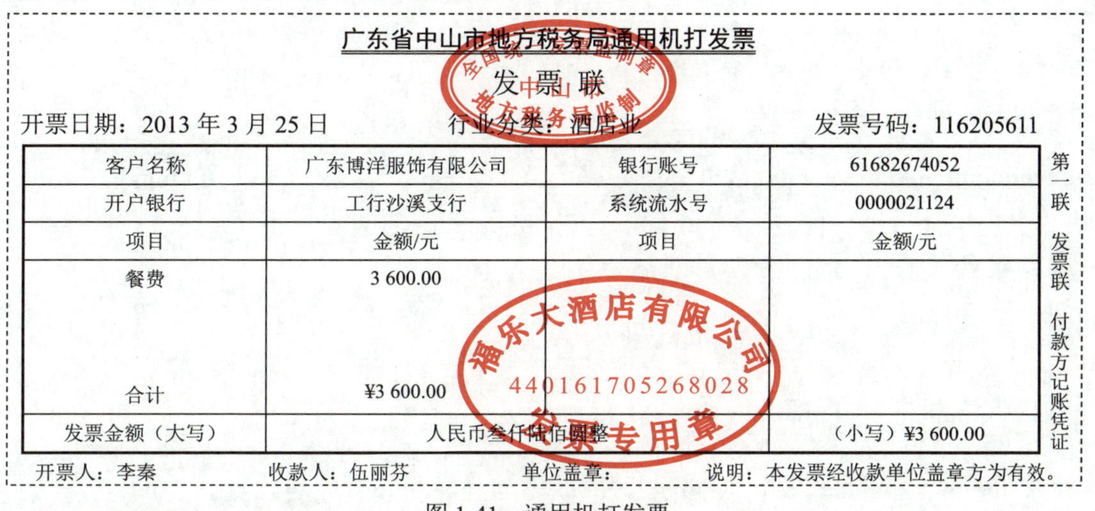

广东省中山市地方税务局通用机打发票

发票联

开票日期：2013 年 3 月 25 日　　行业分类：酒店业　　发票号码：116205611

客户名称	广东博洋服饰有限公司	银行账号	61682674052
开户银行	工行沙溪支行	系统流水号	0000021124
项目	金额/元	项目	金额/元
餐费	3 600.00		
合计	¥3 600.00		
发票金额（大写）	人民币叁仟陆佰圆整		（小写）¥3 600.00

第一联　发票联　付款方记账凭证

开票人：李秦　　收款人：伍丽芬　　单位盖章：　　说明：本发票经收款单位盖章方为有效。

图 1-41　通用机打发票

<table>
<tr><td>中国工商银行支票存根（粤）
GS 01034006
附加信息

出票日期　年　月　日
收款人：
金　额：
用　途：
单位主管　　会计</td><td>付款期限自出票之日起十天</td><td>中国工商银行支票（粤）　　GS 01034006
出票日期（大写）　年　月　日　　付款行名称：
收款人：　　出票人账号：
人民币（大　写）　　千 百 十 万 千 百 十 元 角 分
用途＿＿＿＿　　密码＿＿＿＿
上列款项请从我账户内支付　　行号＿＿＿＿
出票人签章　　广东博洋服饰有限公司财务专用章　　李润华
复核　　记账</td></tr>
</table>

图 1-42　支票

22）2013 年 3 月 26 日，以现金支付司机陈瑞明报销汽油费。普通发票和费用报销单见图 1-43 和图 1-44。

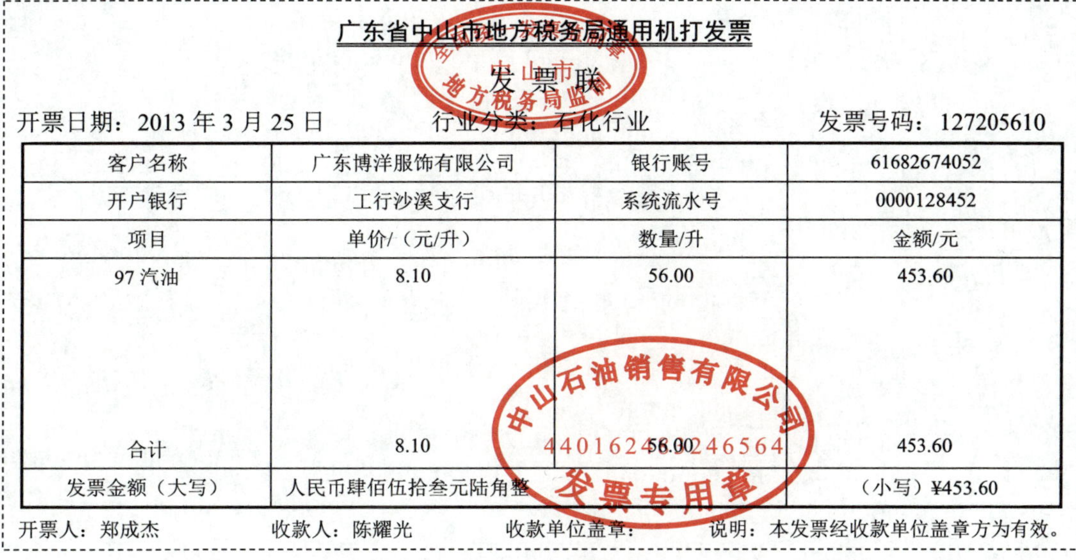

广东省中山市地方税务局通用机打发票

发票联

开票日期：2013 年 3 月 25 日　　行业分类：石化行业　　发票号码：127205610

客户名称	广东博洋服饰有限公司	银行账号	61682674052
开户银行	工行沙溪支行	系统流水号	0000128452
项目	单价/（元/升）	数量/升	金额/元
97 汽油	8.10	56.00	453.60
合计	8.10	56.00	453.60
发票金额（大写）	人民币肆佰伍拾叁元陆角整		（小写）¥453.60

开票人：郑成杰　　收款人：陈耀光　　收款单位盖章：　　说明：本发票经收款单位盖章方为有效。

图 1-43　普通发票

费用报销单

2013 年 3 月 26 日

报销部门	管理部门	报销人	陈瑞明
费用项目	单据张数	金额/元	备注
汽油费	1	453.60	
合计		¥453.60	
金额（大写）	人民币肆佰伍拾叁元陆角整		
单位领导审批：同意 李润华		部门主管审批：同意 郑景成	

会计主管：陈永建　　复核：杨欣梅　　出纳：谢丽晴　　领款人：陈瑞明

图 1-44　费用报销单

23）2013 年 3 月 26 日，收到潍柴动力股份有限公司派发的现金股利。特种转账贷方凭证见图 1-45。

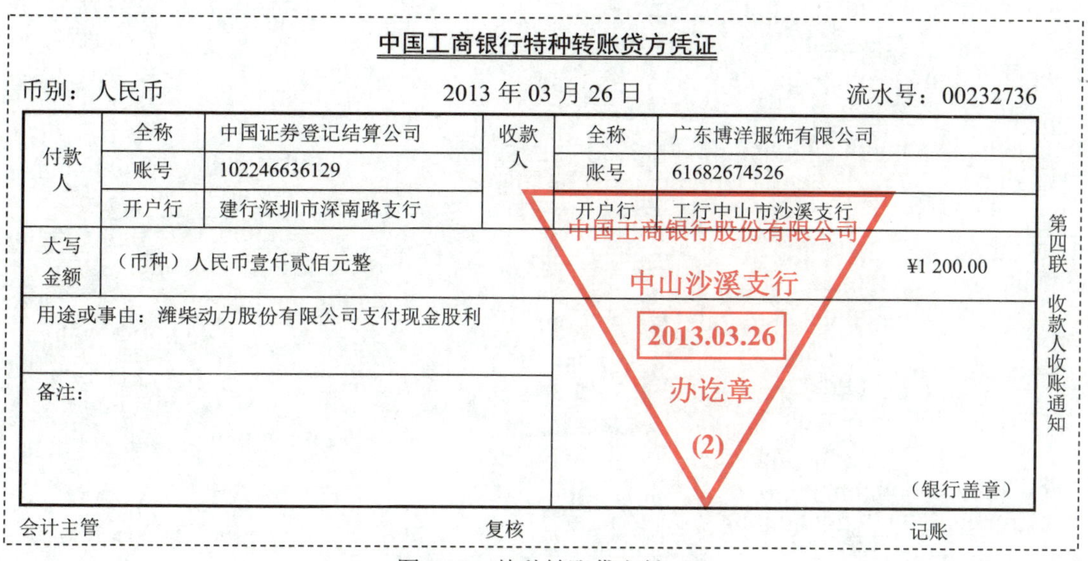

中国工商银行特种转账贷方凭证

币别：人民币　　2013 年 03 月 26 日　　流水号：00232736

付款人	全称	中国证券登记结算公司	收款人	全称	广东博洋服饰有限公司
	账号	102246636129		账号	61682674526
	开户行	建行深圳市深南路支行		开户行	工行中山市沙溪支行
大写金额	（币种）人民币壹仟贰佰元整				¥1 200.00
用途或事由：潍柴动力股份有限公司支付现金股利			中国工商银行股份有限公司 中山沙溪支行 2013.03.26 办讫章 (2)		
备注：			（银行盖章）		

会计主管　　复核　　记账

第四联　收款人收账通知

图 1-45　特种转账贷方凭证

24）2013 年 3 月 31 日，接银行付款通知，支付借款利息，其中长期借款为分期付息到期还本的长期借款。利息清单见图 1-46。

中国工商银行（贷款）利息清单

币别：人民币　　2013 年 3 月 31 日　　单位：元

户名：广东博洋服饰有限公司			账号：61682674279		
计息项目	起息日	结息日	本金/积数	年利率	利息
长期借款	2013.3.1	2013.3.31	2 320 000.00	8%	15 466.67
短期借款	2013.3.1	2013.3.31	1 061 600.00	6%	5 308.00
合计（大写）	人民币贰万零柒佰柒拾肆元陆角柒分				¥20 774.67
上列贷款利息，已从你单位存款账户 61682674279 支付。			中国工商银行股份有限公司 中山沙溪支行 2013.03.31 办讫章 (4) 银行签章		

会计主管　　授权　　复核　　录入

第二联　客户回单

图 1-46　利息清单

25）2013 年 3 月 31 日，接银行付款通知，支付本月电话费。特种转账借方凭证和电话费发票见图 1-47 和图 1-48。

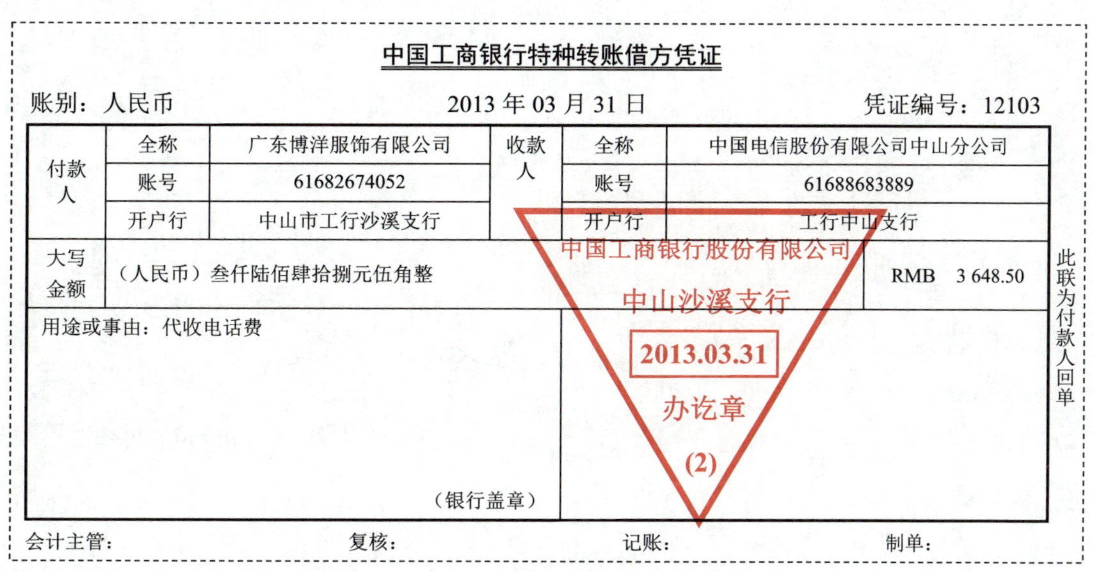

中国工商银行特种转账借方凭证

账别：人民币　　2013 年 03 月 31 日　　凭证编号：12103

付款人	全称	广东博洋服饰有限公司	收款人	全称	中国电信股份有限公司中山分公司
	账号	61682674052		账号	61688683889
	开户行	中山市工行沙溪支行		开户行	工行中山支行
大写金额	（人民币）叁仟陆佰肆拾捌元伍角整				RMB 3 648.50
用途或事由：代收电话费 （银行盖章）					

此联为付款人回单

会计主管：　　复核：　　记账：　　制单：

图 1-47　特种转账借方凭证

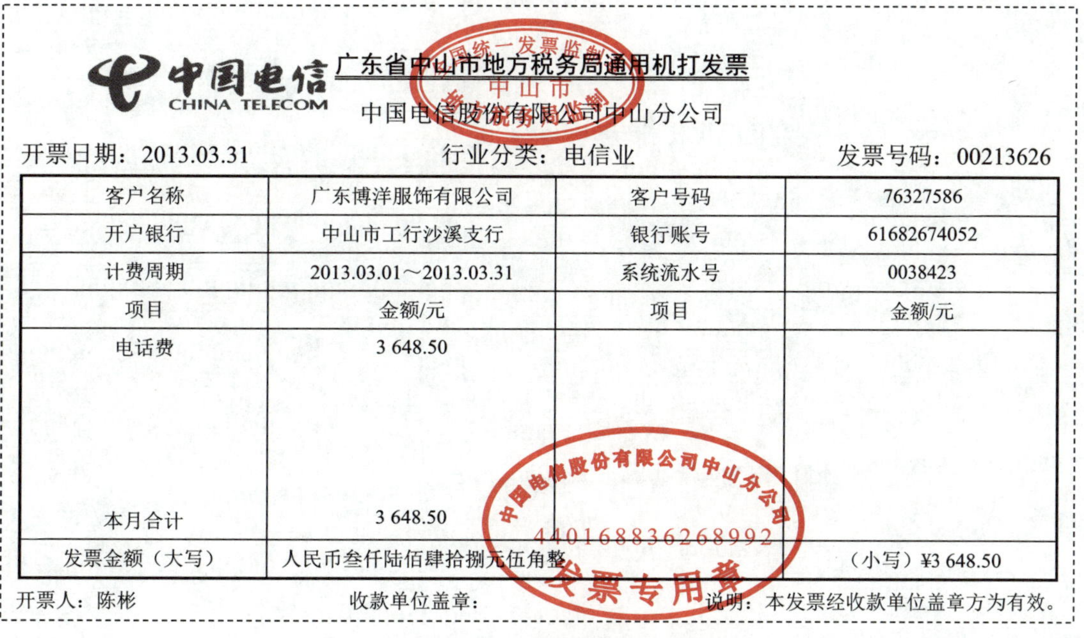

广东省中山市地方税务局通用机打发票

中国电信股份有限公司中山分公司

开票日期：2013.03.31　　行业分类：电信业　　发票号码：00213626

客户名称	广东博洋服饰有限公司	客户号码	76327586
开户银行	中山市工行沙溪支行	银行账号	61682674052
计费周期	2013.03.01～2013.03.31	系统流水号	0038423
项目	金额/元	项目	金额/元
电话费	3 648.50		
本月合计	3 648.50		
发票金额（大写）	人民币叁仟陆佰肆拾捌元伍角整		（小写）¥3 648.50

开票人：陈彬　　收款单位盖章：　　说明：本发票经收款单位盖章方为有效。

图 1-48　电话费发票

26）2013 年 3 月 31 日，收到转账支票一张，见图 1-49，系广东万邦服饰有限公司支付前欠货款。另附银行进账单一张，见图 1-50。

中国建设银行支票（粤）　　GS 03624031

付款期限自出票之日起十天

出票日期（大写）贰零壹叁 年 叁 月 叁拾壹 日　　付款行名称：建行临江支行

收款人：广东博洋服饰有限公司　　出票人账号：13657443035

人民币（大写）	千	百	十	万	千	百	十	元	角	分
捌万肆仟玖佰肆拾贰圆整			¥	8	4	9	4	2	0	0

用途 支付货款

上列款项请从我账户内支付

出票人签章　　广东万邦服饰有限公司财务专用章　　黄德瑞

密码

行号

复核　　记账

附加信息：	被背书人	被背书人
	背书人签章 年 月 日	背书人签章 年 月 日

图 1-49　转账支票

中国工商银行进账单（回单）　1

年　月　日

出票人	全称		收款人	全称	
	账号			账号	
	开户银行			开户银行	

金额	人民币（大写）	亿	千	百	十	万	千	百	十	元	角	分

票据种类		票据张数		
票据号码				
复核	记账			开户银行盖章

此联是开户银行交给持（出）票人的回单

图 1-50　银行进账单

27）2013 年 3 月 31 日，现金清查中，发现现金长款 56 元，见图 1-51 和图 1-52。

现金清查报告单

2013 年 3 月 31 日

现金清点结果					
货币面值/元	张数	金额/元	货币面值	张数	金额/元
100	46	4 600.00	5 角	20	10.00
50	21	1 050.00	2 角	25	5.00
20	40	800.00	1 角	4	0.40
10	8	80.00	5 分	0	0
5	9	45.00	2 分	0	0
2	3	6.00	1 分	0	0
1	6	6.00	—		
现金清点合计	¥6 602.40		现金长款	¥56.00	
现金账面余额	¥6 546.40		现金短款	—	
备注	原因不明				

负责人：　　会计主管：陈永建　　出纳：谢丽晴　　清点人员：杨欣梅

图 1-51　现金清查报告单

现金盘盈处理报告单

2013 年 3 月 31 日

盘盈金额/元	盘盈原因	处理方法
¥56.00	无法查明原因	计入“营业外收入”
单位领导意见： 同意 李润华	财会部意见： 同意 陈永建	董事会或主管部门意见： 同意

图 1-52　现金盘盈处理报告单

28）2013 年 3 月 31 日，发现上月 8 日填制的“记 14 凭证”有错，“记 14 凭证”和“记 14 凭证”所附发票见图 1-53 和图 1-54。

记　账　凭　证

2013 年 2 月 8 日　　记字第 14 号

摘　要	总账科目	明细科目	借方金额										贷方金额										账页或√
			千	百	十	万	千	百	十	元	角	分	千	百	十	万	千	百	十	元	角	分	
支付餐饮费	管理费用						1	2	0	0	0	0											√
	银行存款																1	2	0	0	0	0	√
合　　计						¥	1	2	0	0	0	0				¥	1	2	0	0	0	0	

会计主管：陈永建　　记账：谢丽晴　　审核：杨欣梅　　制单：谢丽晴

图 1-53　“记 14 凭证”

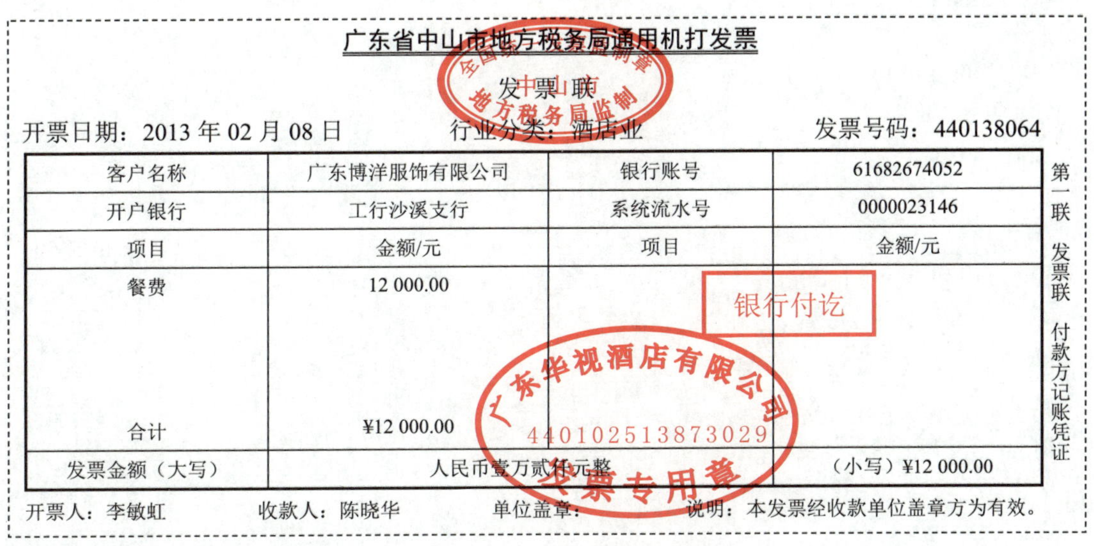

广东省中山市地方税务局通用机打发票

发票联

开票日期：2013 年 02 月 08 日　　行业分类：酒店业　　发票号码：440138064

客户名称	广东博洋服饰有限公司	银行账号	61682674052
开户银行	工行沙溪支行	系统流水号	0000023146
项目	金额/元	项目	金额/元
餐费	12 000.00		
合计	¥12 000.00		
发票金额（大写）	人民币壹万贰仟元整		（小写）¥12 000.00

第一联 发票联 付款方记账凭证

开票人：李敏虹　　收款人：陈晓华　　单位盖章：　　说明：本发票经收款单位盖章方为有效。

图 1-54 “记 14 凭证”所附发票

29）2013 年 3 月 31 日，与开户行对账，中国工商银行对账单见表 1-5，要求编制未达账项列表和银行存款余额调节表，见表 1-6 和表 1-7。

表 1-5 中国工商银行对账单

存款单位：广东博洋服饰有限公司　　账号：61682674052　　2013 年 03 月 31 日

交易日期	摘要	借方	贷方	借或贷	余额/元
3.1	期初余额			贷	592 120.00
3.2	收到货款		42 120.00	贷	634 240.00
3.3	提取现金	8 000.00		贷	626 240.00
3.5	支付材料款	53 820.00		贷	572 420.00
3.6	申请签发银行本票	70 000.00		贷	502 420.00
3.7	上缴税费	71 434.00		贷	430 986.00
3.11	支付工资	216 859.00		贷	214 127.00
3.12	收到货款		180 180.00	贷	394 307.00
3.12	购买除湿器	2 808.00		贷	391 499.00
3.13	收到本票多余款		2 140.00	贷	393 639.00
3.14	取得借款		200 000.00	贷	593 639.00
3.18	支付水电费	81 747.59		贷	511 891.41
3.19	支付材料款	10 800.00		贷	501 091.41
3.24	收到货款		82 461.60	贷	583 553.01
3.25	支付招待费	3 600.00		贷	579 953.01
3.31	支付借款利息	20 774.67		贷	559 178.34
3.31	支付材料款	56 897.10		贷	502 281.24
3.31	取得存款利息		1 186.80	贷	503 468.04
3.31	本月合计	596 740.36	508 088.40	贷	503 468.04

表 1-6 未达账项列表

2013 年 3 月 31 日

企业未达账项				银行未达账项			
日期	摘要	未收/元	未付/元	日期	摘要	未收/元	未付/元
合计				合计			

会计主管：陈永建　　复核：杨欣梅　　清查：梁芳

表 1-7 银行存款余额调节表

2013 年 3 月 31 日

项 目	金额/元	项 目	金额/元
银行存款日记账余额		银行对账单余额	
加：银行已收，企业未收		加：企业已收，银行未收	
减：银行已付，企业未付		减：企业已付，银行未付	
调节后余额		调节后余额	

会计主管：陈永建　　复核：杨欣梅　　清查：梁芳

项目二　生产业务实训

一、核算规则

1）采用通用记账凭证填制凭证。
2）采用记账凭证核算形式登记总账。
3）存货采用实际成本法核算。
4）采用月末一次加权平均法计算发出材料成本。
5）固定资产采用年限平均法计提折旧。
6）产品成本按品种法计算。
7）在产品完工程度按平均50%计算。
8）材料在开始生产时一次投入，其他成本按约当产量比例分配。
9）该企业为一般纳税人，增值税税率为17%。
10）计算数据保留到2位小数。

二、实训要求

1）填制原始凭证。
2）编制各经济业务的会计分录。
3）编制通用记账凭证并装订成册。
4）登记明细分类账（原材料、生产成本）。
5）登记总账（原材料、生产成本、制造费用）。

三、知识链接

1. *产品成本计算方法*

产品成本是企业一定时期内为生产一定产品所支出的生产费用。产品成本的计算关键是选择适当的产品成本计算方法。不同的产品要求产品成本计算的方法必须根据生产特点、管理要求及工艺过程等予以确定。产品成本计算的方法主要包括3种：品种法（以产品品种为成本计算对象）、分批法（以产品批别为成本计算对象）和分步法（以产品生产步骤为成本计算对象）。

品种法计算产品成本的主要特点：一是成本核算对象是产品品种；二是品种法下一般定期（每月月末）计算产品成本；三是如果企业月末有在产品，要将生产成本在完工产品和在产品之间进行分配。

分批法计算产品成本的主要特点：一是成本核算对象是产品的批别；二是产品成本的计算是与生产任务通知单的签发和结束紧密配合的，因此产品成本计算是不确定的；三是由于成本计算期与产品生产周期基本一致，因此在计算月末在产品成本时，一般不存在在完工产品和在产品之间分配成本的问题。

分步法计算产品成本的主要特点：一是成本核算对象是各种产品的生产步骤；二是月末为计算完工产品成本，还需要将归集在生产成本明细账中的生产成本在完工产品和在产品之间进行分配；三是除了按品种计算和结转产品成本外，还需要计算和结转产品的各步骤成本。在实际工作中，根据成本管理对各生产步骤成本资料的不同要求（如是否要求计算半成品成本）和简化核算的要求，各生产步骤成本的计算和结转一般采用逐步结转和平行结转两种方法，称为逐步结转分步法和平行结转分步法。

2. 产品成本费用分配

每月月末，当月生产成本明细账中按照成本项目归集了本月生产成本以后，这些成本就是本月发生的生产成本，并不是本月完工产品的成本。计算本月完工产品成本还需要将本月发生的生产成本，加上月初在产品成本，然后再将其在本月完工产品和月末在产品之间进行分配，以求得本月完工产品成本。

在产品是指没有完成全部生产过程、不能作为商品销售的产品，包括正在车间加工中的在产品（包括正在返修的废品）和已经完成一个或几个生产步骤但还需要继续加工的半成品(包括未经验收入库的产品和等待返修的废品),不包括对外销售的自制半成品。对某个车间或生产步骤而言，在产品只包括该车间或该生产步骤正在加工中的那部分在产品。

常用的生产成本在完工产品与在产品之间进行分配的方法包括：不计算在产品成本法、在产品按固定成本计价法、在产品按所耗直接材料成本计价法、约当产量比例法、在产品按定额成本计价法、定额比例法等。

约当产量比例法是指将产品应负担的全部成本按照完工产品产量与月末在产品约当产量的比例分配计算完工产品成本和月末在产品成本。约当产量是指将月末在产品数量按其完工程度折算为完工产品的产量。

四、核算资料

1. 企业资料

（1）核算企业资料

核算企业资料同项目一出纳业务实训。

（2）企业供应商资料

企业供应商资料见表 2-1。

表 2-1 企业供应商资料

名称	开户账号	地址、电话	开户银行	行号	纳税人识别号
广东伟奇布业有限公司	11606313052	广州市工业大道62 号，56672584	农行工业支行	02736	440101568268026
广东祥丰布业有限公司	41682543357	江门市江会路 172号，82682584	工行环市支行	22472	440606498268020
广东曼琪纺织有限公司	21629413054	佛山顺德区南国中路 64 号，83682585	建行南国支行	16063	440305307268034

续表

名称	开户账号	地址、电话	开户银行	行号	纳税人识别号
广东耐永包装材料有限公司	61653474057	中山沙溪工业大道32号，76315833	中行沙溪支行	25056	440166837468021
中山新文电器有限公司	61682674892	中山沙溪建设路135号，76383127	工行沙溪支行	21683	440162307267034

2. 期初余额

1）广东博洋服饰有限公司2013年4月30日期末在产品情况见表2-2。

表2-2　期末在产品情况表

2013年4月30日

在产品品名	单位	在产品数量	完工程度/%
西服	件	60	50
针织衫	件	80	50
衬衫	件	280	50
风衣	件	100	50
合计	—	—	—

2）广东博洋服饰有限公司2013年4月30日部分总账账户期末余额见表2-3。

表2-3　总账账户期末余额

2013年4月30日　　单位：元

总账账户	借方余额	备注
原材料	61 960.00	
生产成本	34 900.00	
制造费用	0	
合计	96 860.00	

3）广东博洋服饰有限公司2013年4月30日原材料、生产成本（基本生产成本）各明细账户期末余额见表2-4和表2-5。

表2-4　原材料各明细账户余额

2013年4月30日　　单位：元

明细账户	单位	数量	单价	金额
毛料	米	400	32.00	12 800.00
棉布	米	1 280	12.00	15 360.00
锦纶	米	920	8.00	7 360.00
腈纶	米	800	14.00	11 200.00
亚麻	米	640	16.00	10 240.00
涤纶	米	500	10.00	5 000.00
合计	—	—	—	61 960.00

续表

[illegible]	[illegible]	[illegible]	[illegible]	[illegible]	[illegible]
[illegible]	[illegible]	[illegible]	[illegible]	[illegible]	[illegible]
[illegible]	[illegible]	[illegible]	[illegible]	[illegible]	[illegible]

2. 期初余额

(1) [illegible] 2014 年 [illegible] 月 30 日期末 [illegible]

表2-2 [illegible]

[illegible]

(2) [illegible]

表 2-3 [illegible]

[illegible]

(3) [illegible]

表 2-4 [illegible]

[illegible]

表 2-5　生产成本（基本生产成本）各明细账户余额

2013 年 4 月 30 日　　单位：元

明细账户	直接材料	直接人工	电费	水费	制造费用	合计
西服	6 240.00	1 800.00	600.00	28.00	872.00	9 540.00
针织衫	3 680.00	1 200.00	400.00	18.00	622.00	5 920.00
衬衫	6 720.00	2 240.00	560.00	26.00	1 094.00	10 640.00
风衣	5 200.00	2 000.00	600.00	28.00	972.00	8 800.00
合计	21 840.00	7 240.00	2 160.00	100.00	3 560.00	34 900.00

3. 预留银行印鉴

预留银行印鉴同图 1-1。

五、经济业务

1）2013 年 5 月 2 日，向广东伟奇布业有限公司购买毛料 1 000 米、棉布 1 970 米，款项尚未支付。增值税专用发票见图 2-1。

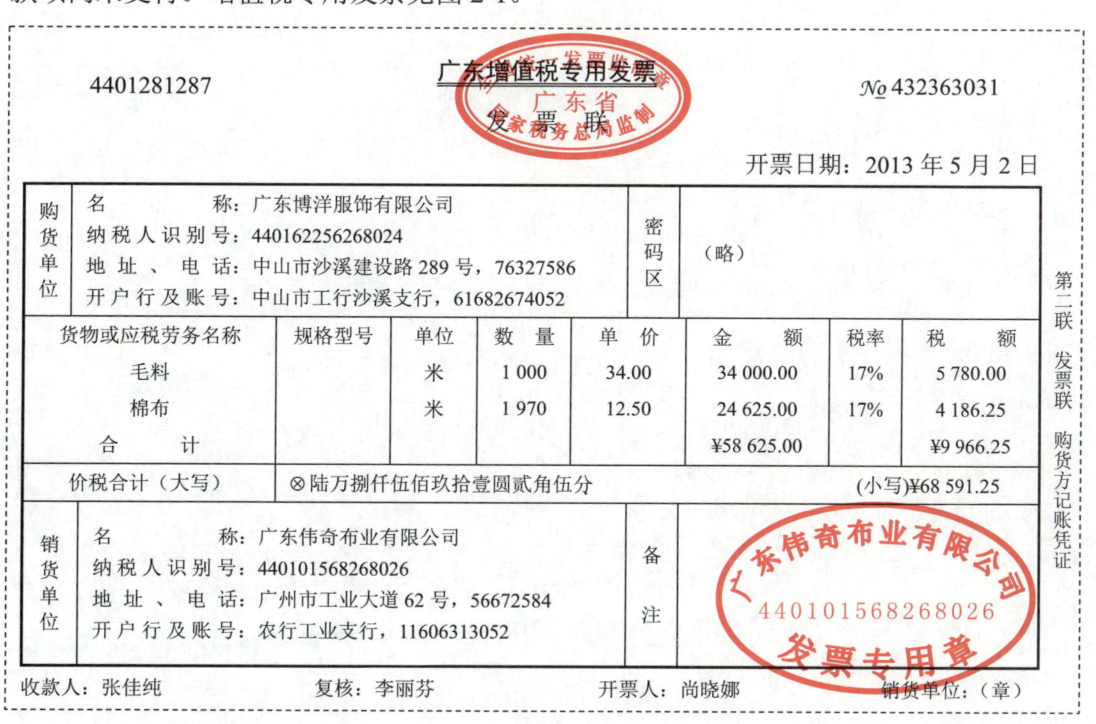

4401281287　　广东增值税专用发票　　№ 432363031

发　票　联

开票日期：2013 年 5 月 2 日

购货单位	名　　称：广东博洋服饰有限公司 纳税人识别号：440162256268024 地址、电话：中山市沙溪建设路 289 号，76327586 开户行及账号：中山市工行沙溪支行，61682674052	密码区	（略）

货物或应税劳务名称	规格型号	单位	数量	单价	金额	税率	税额
毛料		米	1 000	34.00	34 000.00	17%	5 780.00
棉布		米	1 970	12.50	24 625.00	17%	4 186.25
合　计					¥58 625.00		¥9 966.25
价税合计（大写）	⊗陆万捌仟伍佰玖拾壹圆贰角伍分					(小写)¥68 591.25	

销货单位	名　　称：广东伟奇布业有限公司 纳税人识别号：440101568268026 地址、电话：广州市工业大道 62 号，56672584 开户行及账号：农行工业支行，11606313052	备注	

收款人：张佳纯　　复核：李丽芬　　开票人：尚晓娜　　销货单位：（章）

第二联　发票联　购货方记账凭证

图 2-1　增值税专用发票

2）2013 年 5 月 4 日，填写银行汇票申请书，见图 2-2，向开户行申请签发银行汇票，收款人为广东曼琪纺织有限公司，金额为 50 000 元。

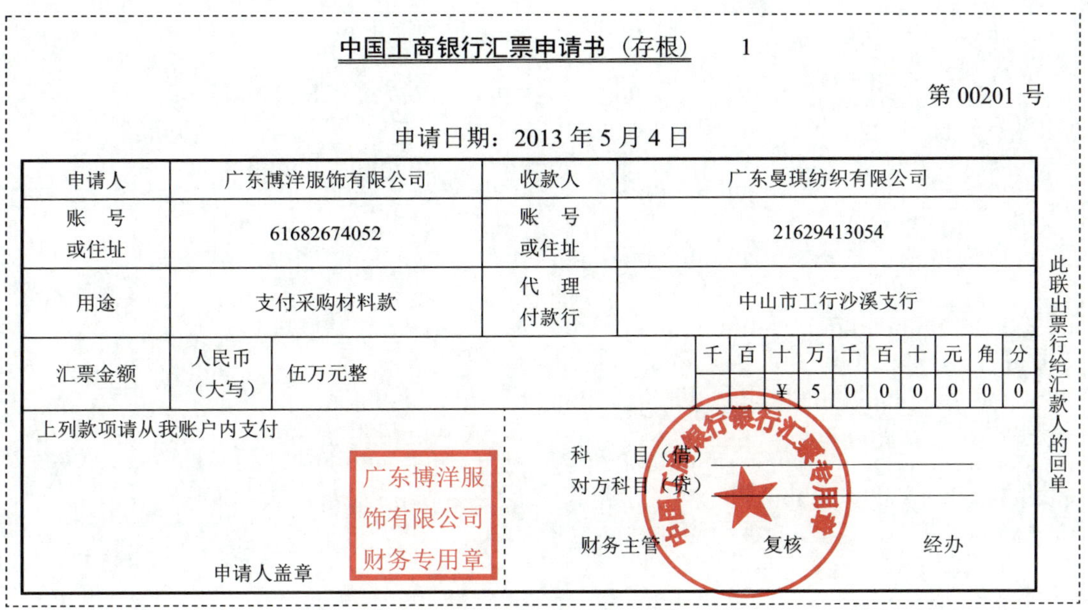

中国工商银行汇票申请书（存根）　1

第 00201 号

申请日期：2013 年 5 月 4 日

申请人	广东博洋服饰有限公司	收款人	广东曼琪纺织有限公司
账　号 或住址	61682674052	账　号 或住址	21629413054
用途	支付采购材料款	代　理 付款行	中山市工行沙溪支行
汇票金额	人民币（大写）伍万元整	千 百 十 万 千 百 十 元 角 分	¥ 5 0 0 0 0 0 0

上列款项请从我账户内支付

广东博洋服饰有限公司财务专用章

申请人盖章

科　目（借）______

对方科目（贷）______

中国工商银行银行汇票专用章

财务主管　　复核　　经办

此联出票行给汇款人的回单

图 2-2　银行汇票申请书

3）2013 年 5 月 4 日，向广东祥丰布业有限公司采购布料一批，收到增值税专用发票，以银行承兑汇票支付，布料尚未收到。增值税专用发票和银行承兑汇票见图 2-3 和图 2-4。

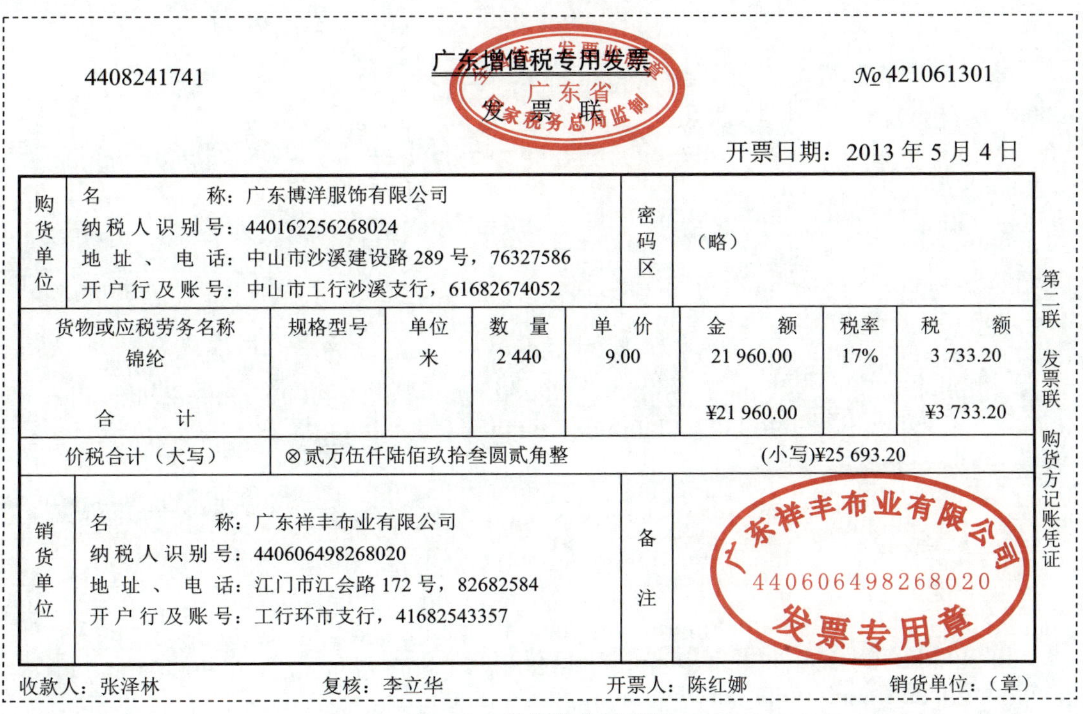

广东增值税专用发票

4408241741　　№ 421061301

发　票　联

全国统一发票监制章 广东省 国家税务总局监制

开票日期：2013 年 5 月 4 日

购货单位	名　　称：广东博洋服饰有限公司 纳税人识别号：440162256268024 地址、电话：中山市沙溪建设路 289 号，76327586 开户行及账号：中山市工行沙溪支行，61682674052			密码区	（略）		
货物或应税劳务名称	规格型号	单位	数　量	单　价	金　额	税率	税　额
锦纶		米	2 440	9.00	21 960.00	17%	3 733.20
合　计					¥21 960.00		¥3 733.20
价税合计（大写）	⊗贰万伍仟陆佰玖拾叁圆贰角整				(小写)¥25 693.20		
销货单位	名　　称：广东祥丰布业有限公司 纳税人识别号：440606498268020 地址、电话：江门市江会路 172 号，82682584 开户行及账号：工行环市支行，41682543357			备注	广东祥丰布业有限公司 440606498268020 发票专用章		

收款人：张泽林　　复核：李立华　　开票人：陈红娜　　销货单位：（章）

第二联　发票联　购货方记账凭证

图 2-3　增值税专用发票

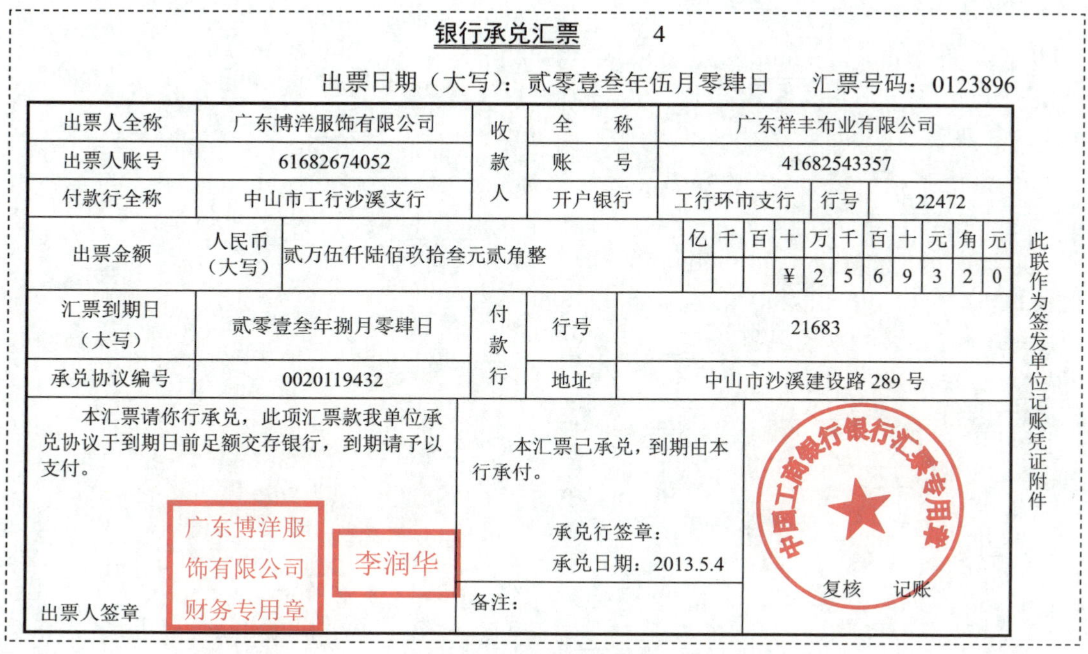

银行承兑汇票　　4

出票日期（大写）：贰零壹叁年伍月零肆日　　汇票号码：0123896

出票人全称	广东博洋服饰有限公司	收款人	全　称	广东祥丰布业有限公司	
出票人账号	61682674052		账　号	41682543357	
付款行全称	中山市工行沙溪支行		开户银行	工行环市支行	行号 22472

出票金额	人民币（大写）	贰万伍仟陆佰玖拾叁元贰角整	亿	千	百	十	万	千	百	十	元	角	元
						¥	2	5	6	9	3	2	0

汇票到期日（大写）	贰零壹叁年捌月零肆日	付款行	行号	21683
承兑协议编号	0020119432		地址	中山市沙溪建设路289号

本汇票请你行承兑，此项汇票款我单位承兑协议于到期日前足额交存银行，到期请予以支付。

广东博洋服饰有限公司财务专用章　李润华

出票人签章

本汇票已承兑，到期由本行承付。

承兑行签章：

承兑日期：2013.5.4

备注：

中国工商银行银行汇票专用章

复核　记账

此联作为签发单位记账凭证附件

图 2-4　银行承兑汇票

4）2013 年 5 月 5 日，向广东伟奇布业有限公司购买的毛料与棉布到达，验收入库，验收发现棉布短缺 10 米，经核实属于合理计量差异。收料单见图 2-5。

收　料　单

2013 年 5 月 5 日　　收字第 01201 号

材料名称	规格型号	单位	应收数量	实收数量	金额/元
毛料		米	1 000	1 000	34 000.00
棉布		米	1 970	1 960	24 625.00

仓库主管：陈德明　　验收：李怡华　　收料：朱永材

图 2-5　收料单

5）2013 年 5 月 6 日，向广东祥丰布业有限公司购买的锦纶到达，验收合格入库。收料单见图 2-6。

收　料　单

2013 年 5 月 6 日　　收字第 01202 号

材料名称	规格型号	单位	应收数量	实收数量	金额/元
锦纶		米	2 440	2 440	21 960.00

仓库主管：陈德明　　验收：李怡华　　收料：朱永材

图 2-6　收料单

6）2013 年 5 月 7 日，向广东耐永包装材料有限公司购买包装纸箱 1 000 个，收到增值税专用发票，包装纸箱已验收入库，开出支票支付包装纸箱款。增值税专用发票、包装物入库单和支票见图 2-7～图 2-9。

4401651282　　　　**广东增值税专用发票**　　　　№ 521363031

发　票　联

开票日期：2013 年 5 月 7 日

购货单位	名　　称：广东博洋服饰有限公司 纳税人识别号：440162256268024 地址、电话：中山市沙溪建设路 289 号，76327586 开户行及账号：中山市工行沙溪支行，61682674052				密码区	（略）		
货物或应税劳务名称	规格型号	单位	数　量	单　价	金　　额	税率	税　　额	
包装纸箱		个	1 000	1.20	1 200.00	17%	204.00	
合　　计					¥1 200.00		¥204.00	
价税合计（大写）	⊗壹仟肆佰零肆圆				(小写)¥1 404.00			
销货单位	名　　称：广东耐永包装材料有限公司 纳税人识别号：440166837468021 地址、电话：中山沙溪工业大道 32 号，76315833 开户行及账号：中行沙溪支行，61653474057				备注	广东耐永包装材料有限公司 440166837468021 发票专用章		

收款人：欧阳彬　　　复核：林丽珊　　　开票人：陈晓虹　　　销货单位：（章）

第二联　发票联　购货方记账凭证

图 2-7　增值税专用发票

包装物入库单

2013 年 5 月 7 日　　　　收字第 02201 号

包装物名称	规格型号	单位	应收数量	实收数量	金额/元
包装纸箱		个	1 000	1 000	1 200.00

仓库主管：陈德明　　　验收：李怡华　　　收料：朱永材

图 2-8　包装物入库单

中国工商银行支票存根（粤）
GS 02034001
附加信息
出票日期　年　月　日
收款人：
金　额：
用　途：
单位主管　会计

付款期限自出票之日起十天

中国工商银行支票（粤）　GS 02034001

出票日期（大写）　年　月　日　付款行名称：
收款人：　出票人账号：

人民币（大写）	千	百	十	万	千	百	十	元	角	分

用途　密码
上列款项请从　行号
我账户内支付
出票人签章　广东博洋服饰有限公司财务专用章　李润华
复核　记账

附加信息：:	被背书人	被背书人
	背书人签章 年　月　日	背书人签章 年　月　日

（粘贴单处）

根据《中华人民共和国票据法》等法律法规的规定，签发空头支票由中国人民银行处以票面金额5%但不低于1 000元的罚款。

图 2-9　支票

7）2013 年 5 月 8 日，领用材料，投入 500 件西服生产。领料单见图 2-10。

领　料　单

用途：生产西服　2013 年 5 月 8 日　领字第 00231 号

材料名称	规格型号	单位	请领数量	实发数量	金额/元
毛料		米	1 000	1 000	
棉布		米	1 000	1 000	
锦纶		米	1 000	1 000	

仓库主管：陈德明　复核：杨欣梅　发料：朱永材　制单：梁芳

图 2-10　领料单

8）2013 年 5 月 8 日，向广东祥丰布业有限公司采购布料一批，收到增值税专用发票，开出支票支付材料款，布料尚未收到。增值税专用发票和支票见图 2-11 和图 2-12。

4408241741

广东增值税专用发票

发 票 联

№ 421061305

开票日期：2013 年 5 月 8 日

购货单位	名　　称：广东博洋服饰有限公司 纳税人识别号：440162256268024 地址、电话：中山市沙溪建设路 289 号，76327586 开户行及账号：中山市工行沙溪支行，61682674052				密码区	（略）		
货物或应税劳务名称	规格型号	单位	数　量	单　价	金　额	税率	税　额	
腈纶		米	2 000	13.20	26 400.00	17%	4 488.00	
涤纶		米	1 600	10.80	17 280.00	17%	2 937.60	
合　计					¥43 680.00		¥7 425.60	
价税合计（大写）	⊗伍万壹仟壹佰零伍圆陆角整				（小写）¥51 105.60			
销货单位	名　　称：广东祥丰布业有限公司 纳税人识别号：440606498268020 地址、电话：江门市江会路 172 号，82682584 开户行及账号：工行环市支行，41682543357				备注	广东祥丰布业有限公司 440606498268020 发票专用章		

第二联 发票联 购货方记账凭证

收款人：张泽林　　复核：李立华　　开票人：陈红娜　　销货单位：（章）

图 2-11　增值税专用发票

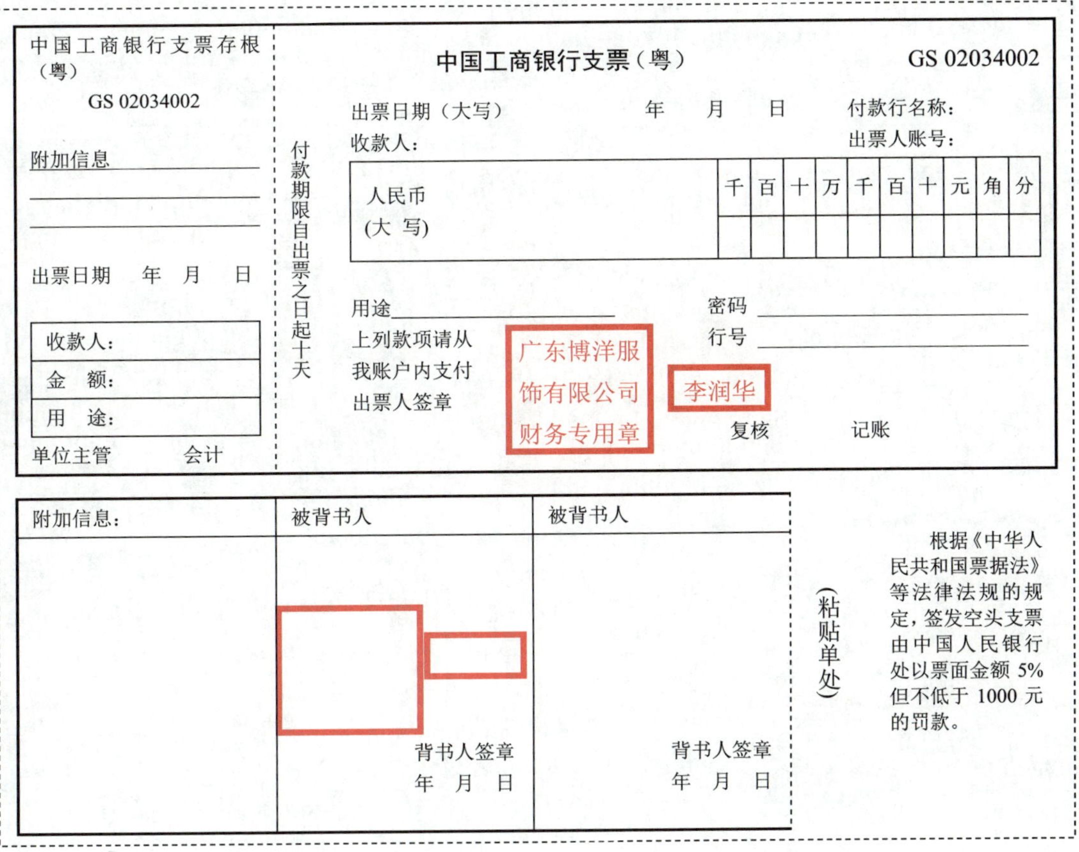

中国工商银行支票存根（粤）
GS 02034002
附加信息
出票日期　年　月　日
收款人：
金　额：
用　途：
单位主管　　会计

付款期限自出票之日起十天

中国工商银行支票（粤）　GS 02034002

出票日期（大写）　年　月　日　付款行名称：
收款人：　出票人账号：

人民币（大写）	千	百	十	万	千	百	十	元	角	分

用途　　密码
上列款项请从　行号
我账户内支付
出票人签章　广东博洋服饰有限公司财务专用章　李润华
复核　记账

附加信息：	被背书人	被背书人
	背书人签章 年　月　日	背书人签章 年　月　日

（粘贴单处）

根据《中华人民共和国票据法》等法律法规的规定，签发空头支票由中国人民银行处以票面金额 5% 但不低于 1000 元的罚款。

图 2-12　支票

9）2013 年 5 月 9 日，领用材料，投入 960 件衬衫生产。领料单见图 2-13。

领　　料　　单

用途：生产衬衫　　　　2013 年 5 月 9 日　　　　领字第 00232 号

材料名称	规格型号	单位	请领数量	实发数量	金额/元
锦纶		米	1 440	1 440	
棉布		米	960	960	

仓库主管：陈德明　　复核：杨欣梅　　发料：朱永材　　制单：梁芳

图 2-13　领料单

10）2013 年 5 月 9 日，向广东曼琪纺织有限公司购买布料一批，收到增值税专用发票，布料已验收入库，款项以银行汇票支付，并收回多余银行汇票款。增值税专用发票、收料单和银行汇票（多余收账通知）见图 2-14～图 2-16。

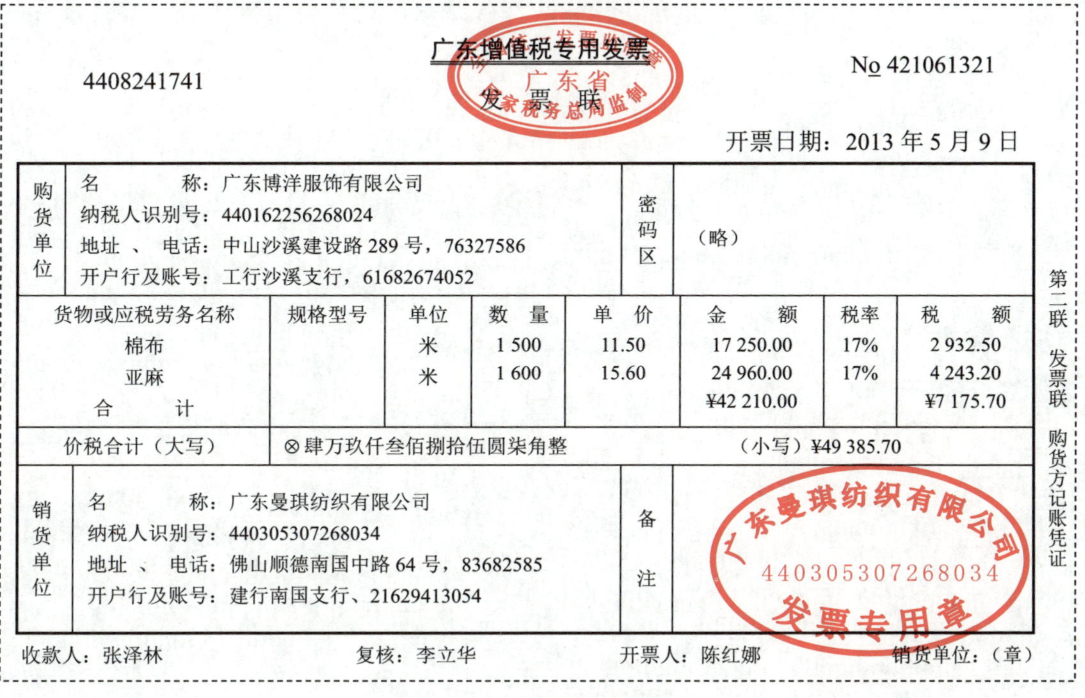

广东增值税专用发票

4408241741　　　　发　票　联　　　　No 421061321

开票日期：2013 年 5 月 9 日

购货单位	名　　称：广东博洋服饰有限公司 纳税人识别号：440162256268024 地址 、 电话：中山沙溪建设路 289 号，76327586 开户行及账号：工行沙溪支行，61682674052	密码区	（略）

货物或应税劳务名称	规格型号	单位	数　量	单　价	金　额	税率	税　额
棉布		米	1 500	11.50	17 250.00	17%	2 932.50
亚麻		米	1 600	15.60	24 960.00	17%	4 243.20
合　　计					¥42 210.00		¥7 175.70
价税合计（大写）	⊗肆万玖仟叁佰捌拾伍圆柒角整				（小写）¥49 385.70		

销货单位	名　　称：广东曼琪纺织有限公司 纳税人识别号：440305307268034 地址 、 电话：佛山顺德南国中路 64 号，83682585 开户行及账号：建行南国支行、21629413054	备注	广东曼琪纺织有限公司 440305307268034 发票专用章

第二联 发票联 购货方记账凭证

收款人：张泽林　　复核：李立华　　开票人：陈红娜　　销货单位：（章）

图 2-14　增值税专用发票

收　　料　　单

2013 年 5 月 9 日　　　　收字第 01203 号

材料名称	规格型号	单位	应收数量	实收数量	金额/元
棉布		米	1 500	1 500	17 250.00
亚麻		米	1 600	1 600	24 960.00

仓库主管：陈德明　　验收：李怡华　　收料：朱永材

图 2-15　收料单

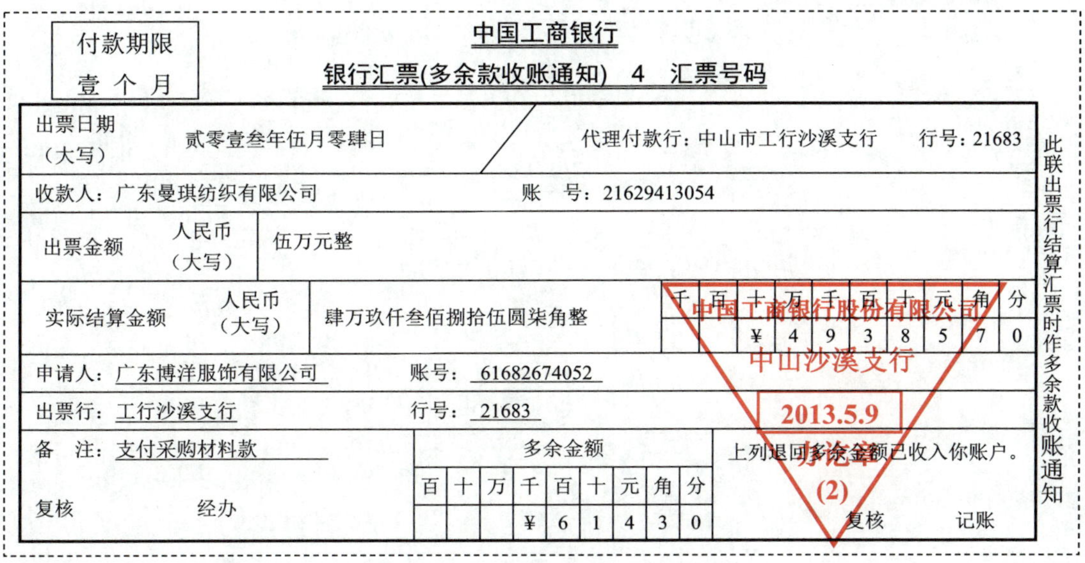

付款期限
壹 个 月

中国工商银行

银行汇票(多余款收账通知)　4　汇票号码

出票日期（大写）　贰零壹叁年伍月零肆日　　代理付款行：中山市工行沙溪支行　　行号：21683

收款人：广东曼琪纺织有限公司　　账　号：21629413054

出票金额　人民币（大写）　伍万元整

实际结算金额　人民币（大写）　肆万玖仟叁佰捌拾伍圆柒角整

千	百	十	万	千	百	十	元	角	分
		¥	4	9	3	8	5	7	0

申请人：广东博洋服饰有限公司　　账号：61682674052

出票行：工行沙溪支行　　行号：21683

备　注：支付采购材料款

多余金额

百	十	万	千	百	十	元	角	分
			¥	6	1	4	3	0

上列退回多余金额已收入你账户。

复核　　经办　　复核　　记账

中国工商银行股份有限公司
中山沙溪支行
2013.5.9
办讫章
(2)

此联出票行结算汇票时作多余款收账通知

图 2-16　银行汇票（多余款收账通知）

11）2013 年 5 月 9 日，向广东祥丰布业有限公司购买的腈纶、涤纶到达，验收合格入库。收料单见图 2-17。

收　料　单

2013 年 5 月 9 日　　收字第 01204 号

材料名称	规格型号	单位	应收数量	实收数量	金额/元
腈纶		米	2 000	2 000	26 400.00
涤纶		米	1 600	1 600	17 280.00

仓库主管：陈德明　　验收：李怡华　　收料：朱永材

图 2-17　收料单

12）2013 年 5 月 10 日，领用材料，投入 1 000 件针织衫生产。领料单见图 2-18。

领　料　单

用途：生产针织衫　　2013 年 5 月 10 日　　领字第 00233 号

材料名称	规格型号	单位	请领数量	实发数量	金额/元
腈纶		米	2 000	2 000	
棉布		米	1 500	1 500	

仓库主管：陈德明　　复核：杨欣梅　　发料：朱永材　　制单：梁芳

图 2-18　领料单

13）2013 年 5 月 11 日，领用材料，投入 800 件风衣生产。领料单见图 2-19。

领 料 单

用途：生产风衣　　　　2013 年 5 月 11 日　　　　领字第 00234 号

材料名称	规格型号	单位	请领数量	实发数量	金额/元
亚麻		米	1 600	1 600	
涤纶		米	1 600	1 600	

仓库主管：陈德明　　复核：杨欣梅　　发料：朱永材　　制单：梁芳

图 2-19　领料单

14）2013 年 5 月 12 日，向广东伟奇布业有限公司购买毛料 700 米、棉布 2 000 米，款项已付。增值税专用发票、电汇凭证（回单）见图 2-20 和图 2-21。

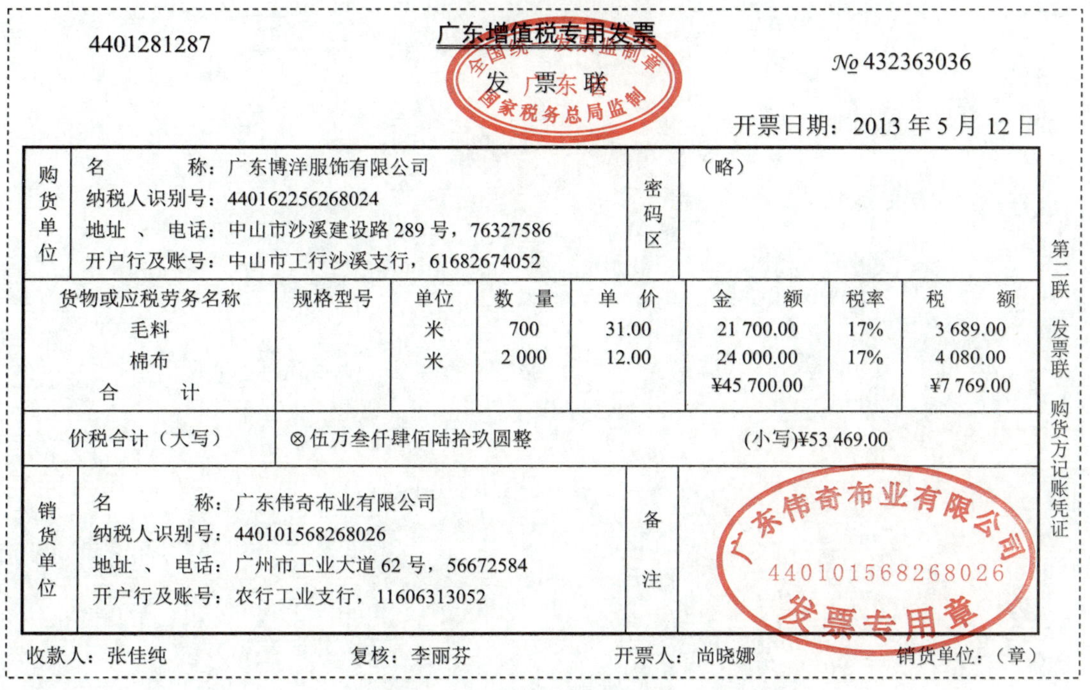

4401281287

广东增值税专用发票

发 票 联

№ 432363036

开票日期：2013 年 5 月 12 日

购货单位	名　　称：广东博洋服饰有限公司 纳税人识别号：440162256268024 地址、电话：中山市沙溪建设路 289 号，76327586 开户行及账号：中山市工行沙溪支行，61682674052	密码区	（略）				
货物或应税劳务名称	规格型号	单位	数量	单价	金额	税率	税额
毛料		米	700	31.00	21 700.00	17%	3 689.00
棉布		米	2 000	12.00	24 000.00	17%	4 080.00
合　计					¥45 700.00		¥7 769.00
价税合计（大写）	⊗伍万叁仟肆佰陆拾玖圆整				(小写)¥53 469.00		
销货单位	名　　称：广东伟奇布业有限公司 纳税人识别号：440101568268026 地址、电话：广州市工业大道 62 号，56672584 开户行及账号：农行工业支行，11606313052	备注					

第二联 发票联 购货方记账凭证

收款人：张佳纯　　复核：李丽芬　　开票人：尚晓娜　　销货单位：（章）

图 2-20　增值税专用发票

电 汇 凭 证(回单)　　1　　№ 006890201

第　　号　　　　委托日期　　　　年　月　日

<table>
<tr><td rowspan="3">汇款人</td><td>全　称</td><td colspan="3"></td><td rowspan="3">收款人</td><td>全　称</td><td colspan="10"></td><td rowspan="6">此联汇出行给汇款人的回单</td></tr>
<tr><td>账　号
或住址</td><td colspan="3"></td><td>账　号
或住址</td><td colspan="10"></td></tr>
<tr><td>汇　出
地　点</td><td></td><td>汇出行
名　称</td><td></td><td>汇　入
地　点</td><td colspan="3"></td><td colspan="3">汇入行
名　称</td><td colspan="4"></td></tr>
<tr><td rowspan="2">金额</td><td rowspan="2">人民币
（大写）</td><td rowspan="2" colspan="4"></td><td>千</td><td>百</td><td>十</td><td>万</td><td>千</td><td>百</td><td>十</td><td>元</td><td>角</td><td>分</td></tr>
<tr><td></td><td></td><td></td><td></td><td></td><td></td><td></td><td></td><td></td><td></td></tr>
<tr><td colspan="6">汇款用途：
上列款项已根据委托办理，如需查询，请持此回单来行面谈</td><td colspan="10">(汇出行盖章)</td></tr>
</table>

图 2-21　电汇凭证（回单）

15）2013 年 5 月 13 日，向广东伟奇布业有限公司购买的毛料、棉布，验收合格入库。收料单见图 2-22。

收　　料　　单

2013 年 5 月 13 日　　　　收字第 01205 号

材料名称	规格型号	单位	应收数量	实收数量	金额/元
毛料		米	700	700	21 700.00
棉布		米	2 000	2 000	24 000.00

仓库主管：陈德明　　　　验收：李怡华　　　　收料：朱永材

图 2-22　收料单

16）2013 年 5 月 13 日，向广东祥丰布业有限公司采购布料一批，收到增值税专用发票，开出商业承兑汇票支付材料款，布料尚未收到。增值税专用发票和商业承兑汇票见图 2-23 和图 2-24。

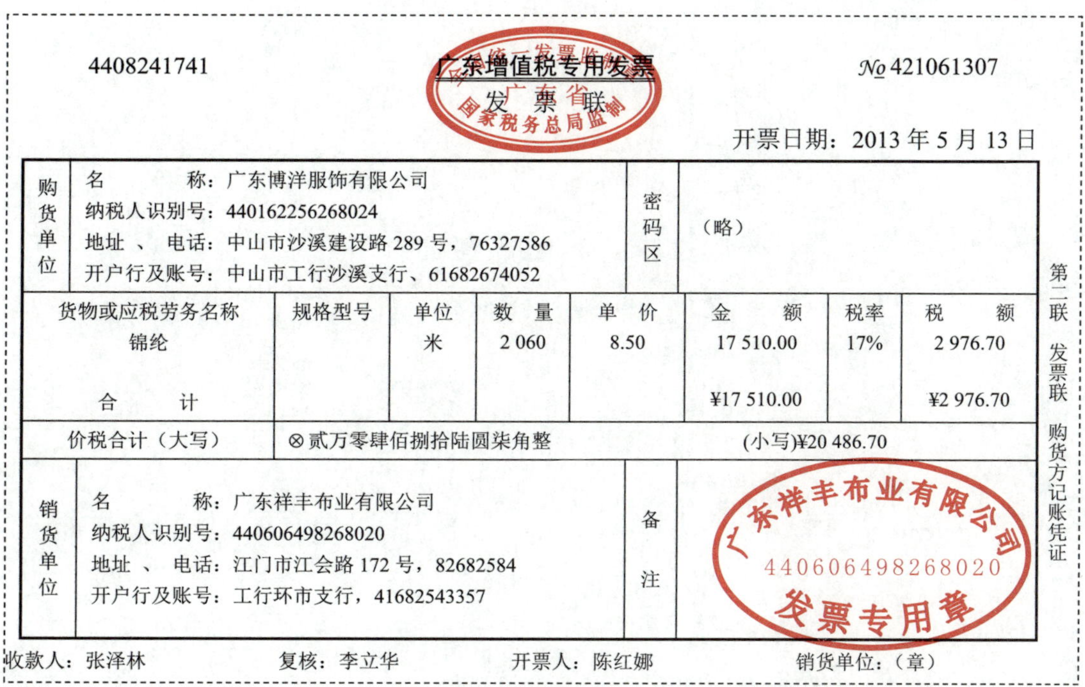

4408241741　　广东增值税专用发票　　№ 421061307

发　票　联

开票日期：2013 年 5 月 13 日

购货单位	名　　称：广东博洋服饰有限公司 纳税人识别号：440162256268024 地址 、 电话：中山市沙溪建设路 289 号，76327586 开户行及账号：中山市工行沙溪支行、61682674052				密码区	（略）		
货物或应税劳务名称	规格型号	单位	数　量	单　价	金　额	税率	税　额	
锦纶		米	2 060	8.50	17 510.00	17%	2 976.70	
合　计					¥17 510.00		¥2 976.70	
价税合计（大写）	⊗贰万零肆佰捌拾陆圆柒角整				（小写）¥20 486.70			
销货单位	名　　称：广东祥丰布业有限公司 纳税人识别号：440606498268020 地址 、 电话：江门市江会路 172 号，82682584 开户行及账号：工行环市支行，41682543357				备注			

收款人：张泽林　　复核：李立华　　开票人：陈红娜　　销货单位：（章）

第二联　发票联　购货方记账凭证

图 2-23　增值税专用发票

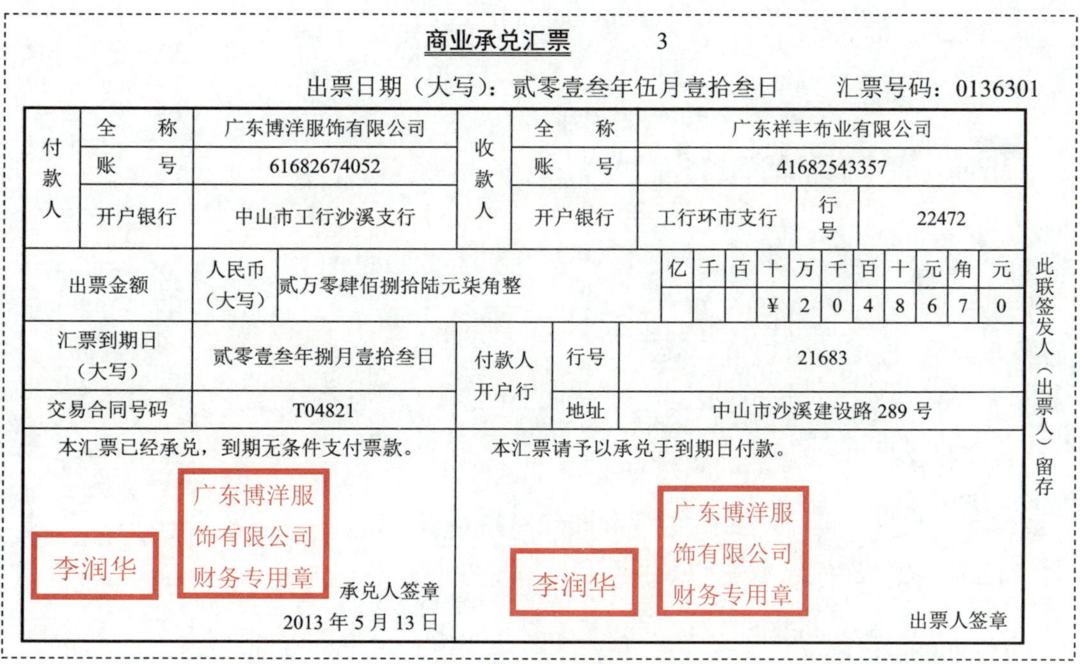

商业承兑汇票　　3

出票日期（大写）：贰零壹叁年伍月壹拾叁日　　汇票号码：0136301

付款人	全　称	广东博洋服饰有限公司	收款人	全　称	广东祥丰布业有限公司	
	账　号	61682674052		账　号	41682543357	
	开户银行	中山市工行沙溪支行		开户银行	工行环市支行	行号 22472
出票金额	人民币（大写）	贰万零肆佰捌拾陆元柒角整			亿 千 百 十 万 千 百 十 元 角 元 ¥ 2 0 4 8 6 7 0	
汇票到期日（大写）		贰零壹叁年捌月壹拾叁日	付款人开户行	行号	21683	
交易合同号码		T04821		地址	中山市沙溪建设路 289 号	
本汇票已经承兑，到期无条件支付票款。 承兑人签章 2013 年 5 月 13 日			本汇票请予以承兑于到期日付款。 出票人签章			

此联签发人（出票人）留存

图 2-24　商业承兑汇票

17）2013 年 5 月 14 日，向广东祥丰布业有限公司购买的锦纶，验收合格入库。收料单见图 2-25。

收　　料　　单

2013 年 5 月 13 日　　　　收字第 01206 号

材料名称	规格型号	单位	应收数量	实收数量	金额/元
锦纶		米	2 060	2 060	17 510.00

仓库主管：陈德明　　验收：李怡华　　收料：朱永材

图 2-25　收料单

18）2013 年 5 月 14 日，西服 450 件完工入库。产成品入库单见图 2-26。

产成品入库单

2013 年 5 月 14 日　　　　收字第 201 号

产品名称	规格型号	单位	应收数量	实收数量	金额/元
西服		件	450	450	

仓库主管：陈德明　　复核：朱永材　　验收：李怡华　　制单：梁芳

图 2-26　产成品入库单

19）2013 年 5 月 15 日，领用材料，投入 320 件西服生产。领料单见图 2-27。

领　　料　　单

用途：生产西服　　2013 年 5 月 15 日　　领字第 00235 号

材料名称	规格型号	单位	请领数量	实发数量	金额/元
毛料		米	640	640	
棉布		米	640	640	
锦纶		米	640	640	

仓库主管：陈德明　　复核：杨欣梅　　发料：朱永材　　制单：梁芳

图 2-27　领料单

20）2013 年 5 月 15 日，衬衫 1 150 件完工入库。产成品入库单见图 2-28。

产成品入库单

2013 年 5 月 15 日　　　　收字第 202 号

产品名称	规格型号	单位	应收数量	实收数量	金额/元
衬衫		件	1 150	1 150	

仓库主管：陈德明　　复核：朱永材　　验收：李怡华　　制单：梁芳

图 2-28　产成品入库单

21）2013 年 5 月 15 日，车间在产品库（指车间设置的，用于临时保管在产品的仓库）领用包装纸箱。包装物出库单见图 2-29。

包装物出库单

用途：包装　　2013 年 5 月 15 日　　领字第 2201 号

名称及规格	单位	请领数量	实发数量	单价/元	金额/元
包装纸箱	个	850	850	1.20	1 020.00

仓库主管：陈德明　　复核：杨欣梅　　发料：朱永材　　制单：梁芳

图 2-29　包装物出库单

22）2013 年 5 月 16 日，领用材料，投入 960 件衬衫生产。领料单见图 2-30。

领　料　单

用途：生产衬衫　　2013 年 5 月 16 日　　领字第 00236 号

材料名称	规格型号	单位	请领数量	实发数量	金额/元
锦纶		米	1 440	1 440	
棉布		米	960	960	

仓库主管：陈德明　　复核：杨欣梅　　发料：朱永材　　制单：梁芳

图 2-30　领料单

23）2013 年 5 月 16 日，向广东曼琪纺织有限公司购买布料一批，收到增值税专用发票，见图 2-31。款项已付，布料尚未收到。另附电汇凭证（回单）一张，见图 2-32。

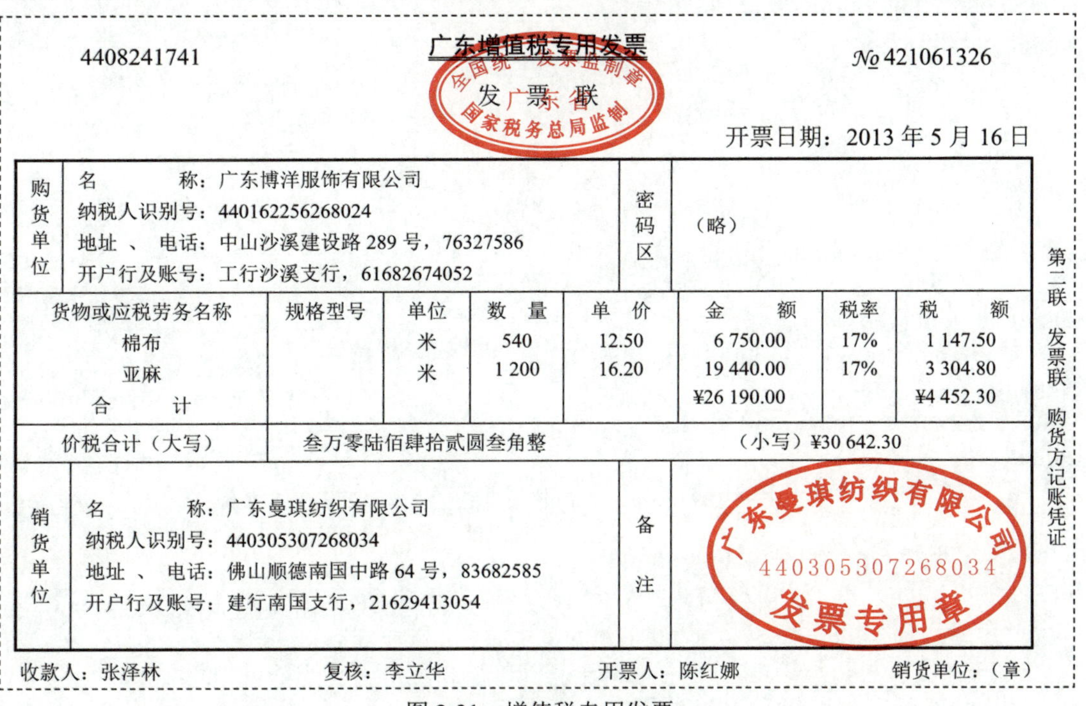

广东增值税专用发票

4408241741　　№ 421061326

发　票　联

（印章：全国统一发票监制章　广东　国家税务总局监制）

开票日期：2013 年 5 月 16 日

购货单位	名　称：广东博洋服饰有限公司 纳税人识别号：440162256268024 地址、电话：中山沙溪建设路 289 号，76327586 开户行及账号：工行沙溪支行，61682674052	密码区	（略）				
货物或应税劳务名称	规格型号	单位	数量	单价	金额	税率	税额
棉布		米	540	12.50	6 750.00	17%	1 147.50
亚麻		米	1 200	16.20	19 440.00	17%	3 304.80
合　计					¥26 190.00		¥4 452.30
价税合计（大写）	叁万零陆佰肆拾贰圆叁角整				（小写）¥30 642.30		
销货单位	名　称：广东曼琪纺织有限公司 纳税人识别号：440305307268034 地址、电话：佛山顺德南国中路 64 号，83682585 开户行及账号：建行南国支行，21629413054	备注	（印章：广东曼琪纺织有限公司 440305307268034 发票专用章）				

第二联　发票联　购货方记账凭证

收款人：张泽林　　复核：李立华　　开票人：陈红娜　　销货单位：（章）

图 2-31　增值税专用发票

电 汇 凭 证(回单)　　1　　№ 006890202

第　　号　　委托日期　　年　月　日

汇款人	全　称				收款人	全　称									
	账　号或住址					账　号或住址									
	汇　出地　点		汇出行名　称			汇　入地　点		汇入行名称							
金额	人民币（大写）					千	百	十	万	千	百	十	元	角	分
汇款用途：															
上列款项已根据委托办理，如需查询，请持此回单来行面谈						(汇出行盖章)									

此联汇出行给汇款人的回单

图 2-32　电汇凭证（回单）

24）2013 年 5 月 17 日，向广东曼琪纺织有限公司购买的布料，验收合格入库。收料单见图 2-33。

收　料　单

2013 年 5 月 17 日　　　　收字第 01207 号

材料名称	规格型号	单位	应收数量	实收数量	金额/元
棉布		米	540	540	6 750.00
亚麻		米	1 200	1 200	19 440.00

仓库主管：陈德明　　　　验收：李怡华　　　　收料：朱永材

图 2-33　收料单

25）2013 年 5 月 17 日，向广东祥丰布业有限公司采购布料一批，收到增值税专用发票，开出支票支付材料款，见图 2-35，布料已验收入库。增值税专用发票、支票和收料单见图 2-34～图 2-36。

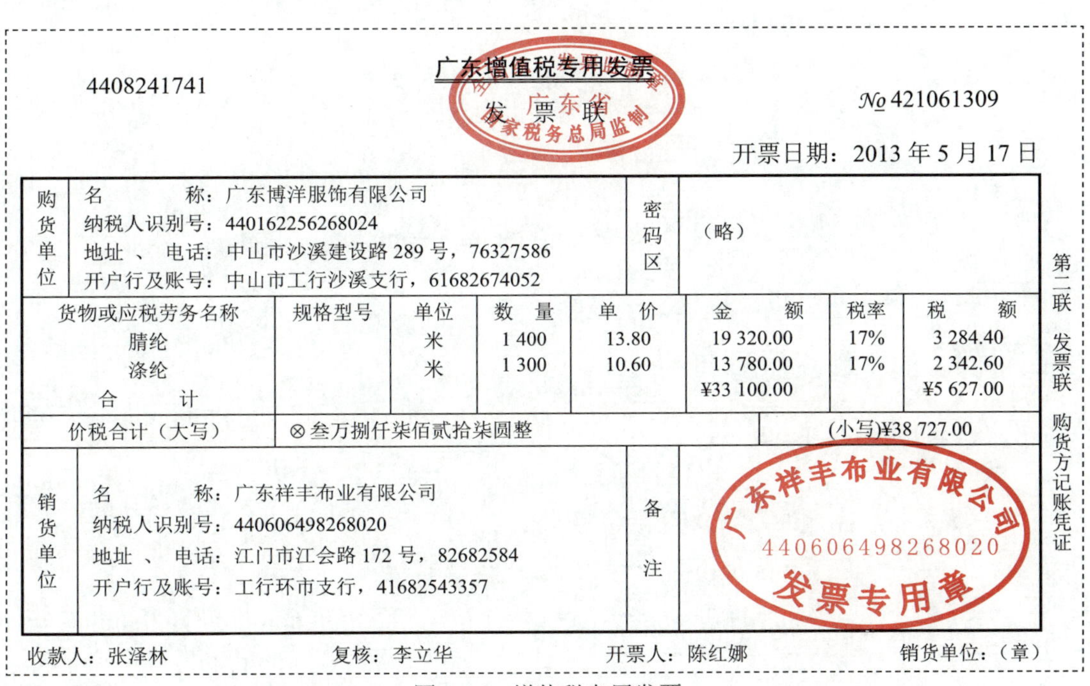

广东增值税专用发票

4408241741　　　　发　票　联　　　　№ 421061309

开票日期：2013 年 5 月 17 日

购货单位	名　　称：广东博洋服饰有限公司 纳税人识别号：440162256268024 地址 、 电话：中山市沙溪建设路 289 号，76327586 开户行及账号：中山市工行沙溪支行，61682674052	密码区	（略）

货物或应税劳务名称	规格型号	单位	数　量	单　价	金　　额	税率	税　　额
腈纶		米	1 400	13.80	19 320.00	17%	3 284.40
涤纶		米	1 300	10.60	13 780.00	17%	2 342.60
合　　计					¥33 100.00		¥5 627.00
价税合计（大写）	⊗叁万捌仟柒佰贰拾柒圆整					（小写）¥38 727.00	

销货单位	名　　称：广东祥丰布业有限公司 纳税人识别号：440606498268020 地址 、 电话：江门市江会路 172 号，82682584 开户行及账号：工行环市支行，41682543357	备注	

收款人：张泽林　　　复核：李立华　　　开票人：陈红娜　　　销货单位：（章）

第二联　发票联　购货方记账凭证

图 2-34　增值税专用发票

中国工商银行支票存根（粤）
GS 02034003

附加信息

出票日期　年　月　日

收款人：
金　额：
用　途：

单位主管　会计

中国工商银行支票（粤）　GS 02034003

付款期限自出票之日起十天

出票日期（大写）　年　月　日　付款行名称：
收款人：　出票人账号：

人民币（大写）	千	百	十	万	千	百	十	元	角	分

用途　密码
上列款项请从　行号
我账户内支付
出票人签章

广东博洋服饰有限公司财务专用章　李润华

复核　记账

附加信息：

被背书人	被背书人
背书人签章　年　月　日	背书人签章　年　月　日

（粘贴单处）

根据《中华人民共和国票据法》等法律法规的规定，签发空头支票由中国人民银行处以票面金额5%但不低于1 000元的罚款。

图2-35　支票

收　料　单

2013年5月17日　收字第01208号

材料名称	规格型号	单位	应收数量	实收数量	金额/元
腈纶		米	1 400	1 400	19 320.00
涤纶		米	1 300	1 300	13 780.00

仓库主管：陈德明　验收：李怡华　收料：朱永材

图2-36　收料单

26）2013年5月17日，针织衫1 000件完工，经检验990件合格入库，另10件为可修复损失。产成品入库单见图2-37。

产成品入库单

2013年5月17日　收字第203号

产品名称	规格型号	单位	应收数量	实收数量	备注
针织衫		件	1 000	990	10件为可修复损失

仓库主管：陈德明　复核：朱永材　验收：李怡华　制单：梁芳

图2-37　产成品入库单

27）2013年5月18日，领用材料，投入680件针织衫生产。领料单见图2-38。

领　料　单

用途：生产针织衫　　2013 年 5 月 18 日　　领字第 00237 号

材料名称	规格型号	单位	请领数量	实发数量	金额/元
腈纶		米	1 360	1 360	
棉布		米	1 020	1 020	

仓库主管：陈德明　　复核：杨欣梅　　发料：朱永材　　制单：梁芳

图 2-38　领料单

28）2013 年 5 月 18 日，风衣 850 件完工，验收合格入库。产成品入库单见图 2-39。

产成品入库单

2013 年 5 月 18 日　　收字第 204 号

产品名称	规格型号	单位	应收数量	实收数量	金额/元
风衣		件	850	850	

仓库主管：陈德明　　复核：朱永材　　验收：李怡华　　制单：梁芳

图 2-39　产成品入库单

29）2013 年 5 月 18 日，领用材料，投入 10 件可修复针织衫的修复。领料单见图 2-40。

领　料　单

用途：修复针织衫　　2013 年 5 月 18 日　　领字第 00238 号

材料名称	规格型号	单位	请领数量	实发数量	金额/元
棉布		米	10	10	

仓库主管：陈德明　　复核：杨欣梅　　发料：朱永材　　制单：梁芳

图 2-40　领料单

30）2013 年 5 月 20 日，针织衫 10 件修复完工，验收合格入库。产成品入库单见图 2-41。

产成品入库单

2013 年 5 月 20 日　　收字第 205 号

产品名称	规格型号	单位	应收数量	实收数量	金额/元
针织衫		件	10	10	

仓库主管：陈德明　　复核：朱永材　　验收：李怡华　　制单：梁芳

图 2-41　产成品入库单

31）2013 年 5 月 20 日，领用材料，投入 620 件风衣生产。领料单见图 2-42。

领　料　单

用途：生产风衣　　2013 年 5 月 20 日　　领字第 00239 号

材料名称	规格型号	单位	请领数量	实发数量	金额/元
亚麻		米	1 240	1 240	
涤纶		米	1 240	1 240	

仓库主管：陈德明　　复核：杨欣梅　　发料：朱永材　　制单：梁芳

图 2-42　领料单

32）2013 年 5 月 21 日，公司仓库领用包装纸箱。包装物出库单见图 2-43。

包装物出库单

用途：包装　　2013 年 5 月 21 日　　领字第 2202 号

名称及规格	单位	请领数量	实发数量	单价/元	金额/元
包装纸箱	个	100	100	1.20	120.00

仓库主管：陈德明　　复核：杨欣梅　　发料：朱永材　　制单：梁芳

图 2-43　包装物出库单

33）2013 年 5 月 22 日，购买生产车间用办公用品。通用机打发票和支票见图 2-44 和图 2-45。

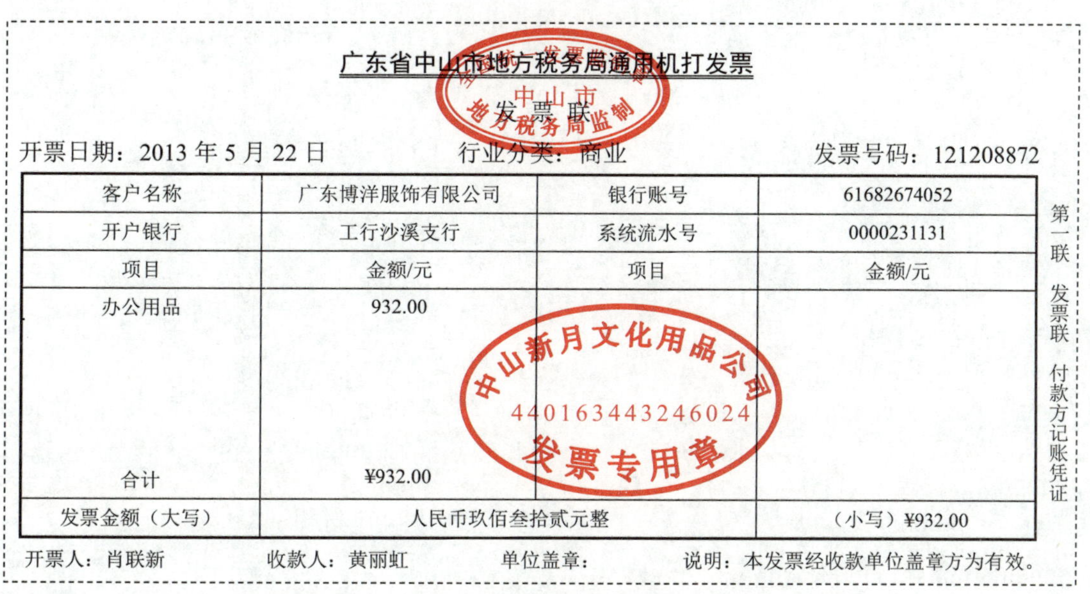

广东省中山市地方税务局通用机打发票

发票联

开票日期：2013 年 5 月 22 日　　行业分类：商业　　发票号码：121208872

客户名称	广东博洋服饰有限公司	银行账号	61682674052
开户银行	工行沙溪支行	系统流水号	0000231131
项目	金额/元	项目	金额/元
办公用品	932.00		
合计	¥932.00		
发票金额（大写）	人民币玖佰叁拾贰元整		（小写）¥932.00

第一联　发票联　付款方记账凭证

开票人：肖联新　　收款人：黄丽虹　　单位盖章：　　说明：本发票经收款单位盖章方为有效。

图 2-44　通用机打发票

中国工商银行支票存根（粤）
GS 02034004

附加信息

出票日期 年 月 日

收款人：
金 额：
用 途：

单位主管 会计

付款期限自出票之日起十天

中国工商银行支票（粤） GS 02034004

出票日期（大写） 年 月 日 付款行名称：
收款人： 出票人账号：

人民币（大写）	千	百	十	万	千	百	十	元	角	分

用途 密码
上列款项请从 行号
我账户内支付
出票人签章 广东博洋服饰有限公司财务专用章 李润华 复核 记账

附加信息:	被背书人	被背书人
	背书人签章 年 月 日	背书人签章 年 月 日

（粘贴单处）

根据《中华人民共和国票据法》等法律法规的规定，签发空头支票由中国人民银行处以票面金额5%但不低于1 000元的罚款。

图 2-45 支票

34）2013 年 5 月 23 日，西服 350 件完工，验收合格入库。产成品入库单见图 2-46。

产成品入库单

2013 年 5 月 23 日 收字第 206 号

产品名称	规格型号	单位	应收数量	实收数量	金额/元
西服		件	350	350	

仓库主管：陈德明 复核：朱永材 验收：李怡华 制单：梁芳

图 2-46 产成品入库单

35）2013 年 5 月 24 日，衬衫 850 件完工，验收合格入库。产成品入库单见图 2-47。

产成品入库单

2013 年 5 月 24 日 收字第 207 号

产品名称	规格型号	单位	应收数量	实收数量	金额/元
衬衫		件	850	850	

仓库主管：陈德明 复核：朱永材 验收：李怡华 制单：梁芳

图 2-47 产成品入库单

36）2013 年 5 月 25 日，针织衫 600 件完工，验收合格入库。产成品入库单见图 2-48。

产成品入库单

2013 年 5 月 25 日　　　收字第 208 号

产品名称	规格型号	单位	应收数量	实收数量	金额/元
针织衫		件	600	600	

仓库主管：陈德明　　复核：朱永材　　验收：李怡华　　制单：梁芳

图 2-48　产成品入库单

37）2013 年 5 月 26 日，风衣 550 件完工，验收合格入库。产成品入库单见图 2-49。

产成品入库单

2013 年 5 月 26 日　　　收字第 209 号

产品名称	规格型号	单位	应收数量	实收数量	金额/元
风衣		件	550	550	

仓库主管：陈德明　　复核：朱永材　　验收：李怡华　　制单：梁芳

图 2-49　产成品入库单

38）2013 年 5 月 31 日，计算发出材料成本，采用月末一次加权平均法。发出材料单位成本计算表、发出材料成本汇总表见图 2-50 和图 2-51。

发出材料单位成本计算表

2013 年 5 月 31 日　　　单位：元

材料名称	期初余额			本期购进				加权单位成本
	数量	单价	金额	购进时间	数量	单价	金额	
毛料								
棉布								
锦纶								
腈纶								
亚麻								
涤纶								

会计主管：陈永建　　复核：杨欣梅　　制表：谢丽晴

图 2-50　发出材料单位成本计算表

发出材料成本汇总表

2013 年 5 月 31 日　　单位：元

部门/用途	毛料			棉布			锦纶			腈纶			亚麻			涤纶			合计
	数量	单价	金额	数量	单价	金额	数量	单价	金额	数量	单价	金额	数量	单价	金额	数量	单价	金额	
西服																			
衬衫																			
针织衫																			
风衣																			
修复针织衫																			
合计																			

会计主管：陈永建　　复核：杨欣梅　　制表：谢丽晴

图 2-51　发出材料成本汇总表

39）2013 年 5 月 31 日，计算分配本月工资费用。工资结算汇总表见图 2-52。

工资结算汇总表

2013 年 5 月　　单位：元

部门或用途	基本工资	加班工资	津贴补贴	奖金	应付工资	代扣款	实发工资
生产西服	24 192.00	4 480.00	9 676.80	8 938.24	49 287.04		
生产针织衫	22 464.00	5 864.00	8 785.60	11 810.08	48 923.68		
生产衬衫	12 664.00	4 164.00	6 785.40	8 210.06	31 823.46		
生产风衣	25 192.00	7 680.00	11 076.90	12 338.38	56 287.28		
车间管理人员	11 236.00	1 659.60	6 406.20	2 072.16	21 373.96		
行政管理人员	11 052.00	1 968.00	3 877.20	2 233.76	19 130.96		
销售人员	14 384.00	2 836.30	2 164.50	1 758.46	21 143.26		
合计	121 184.00	28 651.90	48 772.60	47 361.14	247 969.64		

会计主管：陈永建　　复核：杨欣梅　　制表：谢丽晴

图 2-52　工资结算汇总表

40）2013 年 5 月 31 日，计提本月固定资产折旧。折旧计算表见图 2-53。

折旧计算表

2013 年 5 月 31 日

固定资产类型	固定资产价值/元	月折旧率/%	月折旧额/元
生产用固定资产	4 168 000.00	0.85	35 428.00
非生产用固定资产	1 594 000.00	0.55	8 767.00
合计	5 762 000.00	—	44 195.00

会计主管：陈永建　　复核：杨欣梅　　制表：谢丽晴

图 2-53　折旧计算表

41）2013 年 5 月 31 日，计算分配本月电费。电费分配表见图 2-54。

电费分配表

2013 年 5 月

部门或用途	用电量/度	单价/（元/度）	应分配电费/元
生产西服	18 240	0.95	
生产针织衫	18 240	0.95	
生产衬衫	9 120	0.95	
生产风衣	19 152	0.95	
车间管理	1 835	0.95	
行政管理	2 786	0.95	
销售机构	2 523	0.95	
合计	71 896	0.95	

会计主管：陈永建　　复核：杨欣梅　　制表：谢丽晴

图 2-54　电费分配表

42）2013 年 5 月 31 日，计算分配本月水费。水费分配表见图 2-55。

水费分配表

2013 年 5 月

部门或用途	用水量/吨	单价/（元/吨）	应分配水费/元
生产西服	400	1.93	
生产针织衫	400	1.93	
生产衬衫	200	1.93	
生产风衣	420	1.93	
车间管理	172	1.93	
行政管理	99	1.93	
销售机构	126	1.93	
合计	1 817	1.93	

会计主管：陈永建　　复核：杨欣梅　　制表：谢丽晴

图 2-55　水费分配表

43）2013 年 5 月 31 日，分配结转本月制造费用。制造费用分配表见图 2-56。

制造费用分配表

2013 年 5 月 31 日

产品项目	分配标准/工时	分配率/（元/工时）	分配金额/元
生产西服	1 600		
生产针织衫	1 600		
生产衬衫	800		
生产风衣	1 680		
合计	5 680		

会计主管：陈永建　　复核：杨欣梅　　制表：谢丽晴

图 2-56　制造费用分配表

44）2013 年 5 月 31 日，分配结转本月废品净损失。内部转账单见图 2-57。

内部转账单

2013 年 5 月 31 日　　转字第 201 号

摘要	结转科目			转入科目		
	总账科目	明细科目	金额/元	总账科目	明细科目	金额/元
合计						

会计主管：陈永建　　会计：杨欣梅　　制表：谢丽晴

图 2-57　内部转账单

45）2013 年 5 月 31 日，计算完工产品成本。完工产品成本计算单见图 2-58～图 2-61。

完工产品成本计算单

2013 年 5 月 31 日　　单位：元

产品名称：西服/件　　完工产品数量：

项目	直接材料	直接人工	电费	水费	制造费用	其他费用	合计
期初在产品成本							
本月生产费用							
生产费用合计							
完工产品成本							
期末在产品成本							
单位成本							

会计主管：陈永建　　复核：杨欣梅　　制表：谢丽晴

图 2-58　完工产品成本计算单（一）

完工产品成本计算单

2013 年 5 月 31 日　　单位：元

产品名称：针织衫/件　　完工产品数量：

项目	直接材料	直接人工	电费	水费	制造费用	其他费用	合计
期初在产品成本							
本月生产费用							
生产费用合计							
完工产品成本							
期末在产品成本							
单位成本							

会计主管：陈永建　　复核：杨欣梅　　制表：谢丽晴

图 2-59　完工产品成本计算单（二）

完工产品成本计算单

2013 年 5 月 31 日　　单位：元

产品名称：衬衫/件　　完工产品数量：

项目	直接材料	直接人工	电费	水费	制造费用	其他费用	合计
期初在产品成本							
本月生产费用							
生产费用合计							
完工产品成本							
期末在产品成本							
单位成本							

会计主管：陈永建　　复核：杨欣梅　　制表：谢丽晴

图 2-60　完工产品成本计算单（三）

完工产品成本计算单

2013 年 5 月 31 日　　单位：元

产品名称：风衣/件　　完工产品数量：

项目	直接材料	直接人工	电费	水费	制造费用	其他费用	合计
期初在产品成本							
本月生产费用							
生产费用合计							
完工产品成本							
期末在产品成本							
单位成本							

会计主管：陈永建　　复核：杨欣梅　　制表：谢丽晴

图 2-61　完工产品成本计算单（四）

项目三　销售业务实训

一、核算规则

1）采用通用记账凭证填制凭证。

2）采用记账凭证核算形式登记总账。

3）库存商品采用实际成本法核算

4）采用月末一次加权平均法计算发出产品成本。

5）该企业为一般纳税人，增值税税率为17%。

6）计算数据保留到2位小数。

二、实训要求

1）填制原始凭证。

2）编制各经济业务的会计分录。

3）编制通用记账凭证并装订成册。

4）登记明细分类账（主营业务收入、主营业务成本）。

5）登记总账（主营业务收入、主营业务成本、本年利润）。

三、知识链接

1. 会计核算形式

会计核算形式也称会计核算组织程序或账务处理程序，是指在会计核算中，以账簿体系为核心，将会计凭证组织、账簿组织、报表组织及记账程序和记账方法有机结合的技术组织方式。在实际工作中一般采用的会计核算形式包括记账凭证核算形式、科目汇总表核算形式和汇总记账凭证核算形式等。

记账凭证核算形式是根据原始凭证或汇总原始凭证填制记账凭证，并据以登记总分类账的一种会计核算形式。其特点是直接根据记账凭证逐笔登记总分类账。记账凭证核算形式是最基本的会计核算形式。

科目汇总表核算形式又称记账凭证汇总表核算形式，是指先定期根据记账凭证汇总编制科目汇总表，再根据科目汇总表登记总分类账的会计核算形式。科目汇总表是根据一定时期内的全部记账凭证按总账科目进行汇总，据以计算出每一总账科目的本期借方发生额合计数和贷方发生额合计数，作为登记总分类账依据的凭证。

汇总记账凭证核算形式是指先根据记账凭证编制汇总记账凭证，再根据汇总记账凭证登记总账的一种会计核算形式。汇总记账凭证通常包括汇总收款凭证、汇总付款凭证和汇总转账凭证3种。

汇总收款凭证按现金或银行存款科目的借方分别设置，将汇总期内的全部收款凭证按其对应的贷方科目进行归类，计算出每一贷方科目的发生额合计数，填入汇总收款凭证中的相应的栏目。汇总付款凭证按现金或银行存款科目的贷方分别设置，将汇总期内的全部付款凭证按其对应的借方科目进行归类，计算出每一借方科目的发生额合计数，填入汇总付款凭证相应的栏目。汇总转账凭证按转账凭证中每一贷方科目分别设置，将汇总期内的全部转账凭证按其对应的借方科目进行归类，计算出每一借方科目的发生额合计数，填入汇总转账凭证相应的栏目。在汇总记账凭证核算形式下，为便于编制汇总转账凭证，要求编制一借一贷或一贷多借对应关系的转账凭证，而不能编制一借多贷的转账凭证。

2. 会计账簿概述

会计账簿是以经过审核的会计凭证为依据的，由具有专门格式和相互联系的账页组成，用来分门别类地、连续地登记各项经济业务的簿册。账簿按其用途可分为日记账、分类账和备查账 3 种。

日记账又称序时账，是指按照经济业务发生或完成时间的先后顺序逐日逐笔进行登记的账簿。日记账包括现金日记账和银行存款日记账两种。现金日记账是用来核算和反映每日现金的收入、支出和结存情况的账簿。现金日记账由出纳员根据现金收付的有关记账凭证，按时间先后顺序逐日逐笔进行登记。银行存款日记账是用来核算和反映每日银行存款的收入、支出和结存情况的账簿。银行存款日记账由出纳员根据银行存款收付的有关记账凭证，按时间先后顺序逐日逐笔进行登记。

分类账是指对全部经济业务按照总分类账户和明细分类账户进行分类登记的账簿。分类账分为总分类账和明细分类账两种。总分类账，简称总账，是指按总分类账户开设的账簿；明细分类账，简称明细账，是指按明细分类账户开设的账簿。

备查账是指对某些日记账、分类账中不予登记或登记不够详细的经济事项进行补充登记的一种账簿。

四、核算资料

1. 企业资料

（1）核算企业资料

核算企业资料同项目一出纳业务实训。

（2）企业客户资料

企业客户资料见表 3-1。

表 3-1 企业客户资料

名称	开户账号	地址、电话	开户银行	行号	纳税人识别号
广东千秋服饰有限公司	11634153054	广州市花城大道 72 号，56637584	工行花城支行	02496	440105564568023
广东秋实服饰有限公司	31676243355	佛山市福贤路 136 号，68682747	中行福贤支行	12532	440303443268027
广东万邦服饰有限公司	13657443035	广州市临江大道 9 号，87697282	建行临江支行	15032	440106208235036
广东千姿服饰有限公司	42934783058	珠海市石花西路 12 号，88396432	工行石花支行	32059	440506835254026
广东祥美服饰有限公司	61722683058	中山市沙溪工业大道 126 号，76315542	中行沙溪支行	25056	440166835268026

2. 期初余额

广东博洋服饰有限公司 2013 年 6 月 30 日部分总账账户期末余额见表 3-2。

表 3-2　总账账户期末余额

2013 年 6 月 30 日　　　　单位：元

总账账户	借方余额	贷方余额
主营业务收入	—	0
主营业务成本	0	—
本年利润	—	0
合计	0	0

3. 预留银行印鉴

预留银行印鉴同图 1-1。

五、经济业务

1）2013 年 7 月 2 日，根据合同向广东千秋服饰有限公司销售衬衫 280 件，单价为 95 元，风衣 300 件，单价为 196 元，开出增值税专用发票，见图 3-1，已办理托收手续，款项尚未收到。另附托收凭证（受理回单）、产品出库单，见图 3-2 和图 3-3。

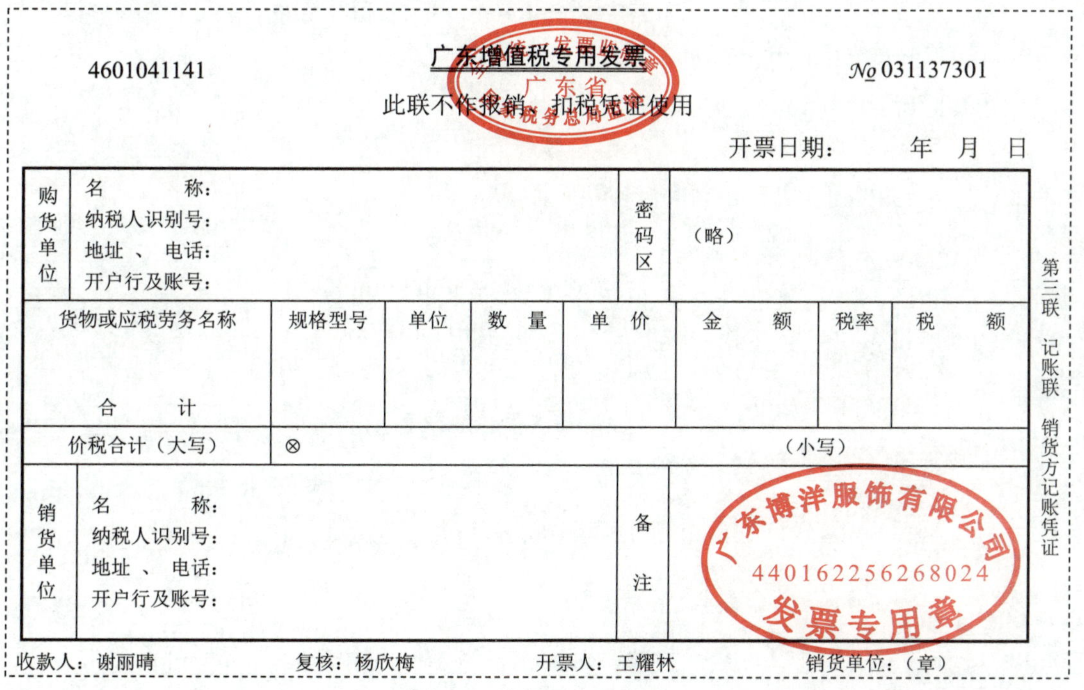

4601041141　　**广东增值税专用发票**　　№ 031137301

此联不作报销、扣税凭证使用

开票日期：　　年　月　日

购货单位	名称： 纳税人识别号： 地址、电话： 开户行及账号：					密码区	（略）	
货物或应税劳务名称	规格型号	单位	数量	单价	金额	税率	税额	
合计								
价税合计（大写）	⊗				（小写）			
销货单位	名称： 纳税人识别号： 地址、电话： 开户行及账号：					备注		

收款人：谢丽晴　　复核：杨欣梅　　开票人：王耀林　　销货单位：（章）

第三联　记账联　销货方记账凭证

图 3-1　增值税专用发票

托收凭证（受理回单）　1

委托日期：　　年　月　日

<table>
<tr><td>业务类型</td><td colspan="7">委托收款（□邮划、☑电划）　托收承付（□邮划、□电划）</td></tr>
<tr><td rowspan="3">付款人</td><td>全 称</td><td colspan="2"></td><td rowspan="3">收款人</td><td>全 称</td><td colspan="2"></td></tr>
<tr><td>账 号</td><td colspan="2"></td><td>账 号</td><td colspan="2"></td></tr>
<tr><td>地 址</td><td>市 县</td><td>开户行</td><td>地 址</td><td>市 县</td><td>开户行</td></tr>
<tr><td>金额</td><td colspan="4">人民币（大写）</td><td colspan="3">亿 千 百 十 万 千 百 十 元 角 分</td></tr>
<tr><td>款项内容</td><td></td><td>托收凭据名称</td><td></td><td colspan="2">附寄单证张数</td><td colspan="2"></td></tr>
<tr><td colspan="2">商品发运情况</td><td colspan="2"></td><td colspan="2">合同名称号码</td><td colspan="2"></td></tr>
<tr><td colspan="2">备注：
复核　记账</td><td colspan="2">款项收妥日期：
年　月　日</td><td colspan="4">收款人开户银行签章</td></tr>
</table>

中国工商银行股份有限公司
中山沙溪支行
2013.07.02
办讫章
(4)

此联作收款人开户银行给收款人的受理回单

图 3-2　托收凭证（受理回单）

产品出库单

2013 年 7 月 2 日　　第 3401 号

产品名称	规格	型号	单位	数量	单位成本/元	金额/元
衬衫			件	280		
风衣			件	300		

仓库主管：陈德明　复核：杨欣梅　发货：朱永材　制单：梁芳

图 3-3　产品出库单

2）2013 年 7 月 3 日，产品配送库（指企业销售部门设置的，用于临时保管待配送产品的仓库）领用包装纸箱，用于产品销售包装。包装物出库单见图 3-4。

包装物出库单

用途：包装　2013 年 7 月 3 日　领字第 2301 号

名称及规格	单位	请领数量	实发数量	单价/元	金额/元
包装纸箱	个	200	200	1.20	240.00

仓库主管：陈德明　复核：杨欣梅　发料：朱永材　制单：梁芳

图 3-4　包装物出库单

3）2013 年 7 月 4 日，收到广东千秋服饰有限公司支付的本月 2 日的货款。托收凭证（收账通知）见图 3-5。

托收凭证(收账通知)　4

委托日期：　　年　月　日　　　付款期限　年　月　日

业务类型	委托收款（□邮划、☑电划）　托收承付（□邮划、□电划）					
付款人	全称		收款人	全称		
	账号			账号		
	地址	省　市县　开户行		地址	省　市县　开户行	
金额	人民币(大写)			亿 千 百 十 万 千 百 十 元 角 分		
款项内容		托收凭据名称		附寄单证张数		
商品发运情况				合同名称号码		
备注： 复核　记账		款项收妥日期： 年　月　日		收款人开户银行签章		

中国工商银行股份有限公司 中山沙溪支行 2013.07.04 办讫章 (4)

此联作收款人开户银行给收款人的收账通知

图 3-5　托收凭证（收账通知）

4）2013 年 7 月 6 日，根据合同向广东千姿服饰有限公司销售西服 100 件，单价为 380 元，针织衫 300 件，单价为 150 元，开出增值税专用发票，见图 3-6，款项已收存银行。另附转账支票、银行进账单、产品出库单，见图 3-7～图 3-9。

广东增值税专用发票

4601041141　　　　　　№ 031137302

此联不作报销、扣税凭证使用

全国统一发票监制章 广东 国家税务总局监制

开票日期：　　年　月　日

购货单位	名称： 纳税人识别号： 地址、电话： 开户行及账号：				密码区	（略）		
货物或应税劳务名称	规格型号	单位	数量	单价	金额	税率	税额	
合　计								
价税合计（大写）	⊗				（小写）			
销货单位	名称： 纳税人识别号： 地址、电话： 开户行及账号：				备注			

广东博洋服饰有限公司 440162256268024 发票专用章

收款人：谢丽晴　　复核：杨欣梅　　开票人：王耀林　　销货单位：（章）

第三联　记账联　销货方记账凭证

图 3-6　增值税专用发票

中国工商银行支票（粤） GS 03053031

付款期限自出票之日起十天

出票日期（大写）贰零壹叁 年 柒 月 零陆 日　　付款行名称：工行石花支行

收款人：广东博洋服饰有限公司　　出票人账号：42934783058

人民币（大写）	千	百	十	万	千	百	十	元	角	分
玖万柒仟壹佰壹拾圆整			¥	9	7	1	1	0	0	0

用途 支付货款

上列款项请从

我账户内支付

出票人签章　广东千姿服饰有限公司财务专用章　王德胜

密码 ____

行号 ____

复核　　记账

附加信息：	被背书人	被背书人
	背书人签章 年 月 日	背书人签章 年 月 日

图 3-7　转账支票

中国工商银行进账单（回单）　1

年　月　日

此联是开户银行交给持（出）票人的回单

出票人	全称		收款人	全称	
	账号			账号	
	开户银行			开户银行	

金额	人民币（大写）	亿	千	百	十	万	千	百	十	元	角	分

票据种类		票据张数		
票据号码				开户银行盖章
复核	记账			

图 3-8　银行进账单

产品出库单

2013 年 7 月 6 日　　第 3402 号

产品名称	规格	型号	单位	数量	单位成本/元	金额/元
西服			件	100		
针织衫			件	300		

仓库主管：陈德明　　复核：杨欣梅　　发货：朱永材　　制单：梁芳

图 3-9　产品出库单

5）2013 年 7 月 8 日，根据合同向广东秋实服饰有限公司销售西服 400 件，原价为 380 元，针织衫 600 件，原价为 160 元，考虑到销售量较大，给予 9.5 折优惠，开出增值税专用发票，收到广东秋实服饰有限公司开出的商业承兑汇票。增值税专用发票记账联、商业承兑汇票和产品出库单见图 3-10～图 3-12。

4601041141　　　　**广东增值税专用发票**　　　　№ 031137303

此联不作报销、扣税凭证使用

开票日期：　　年　月　日

购货单位	名　　称： 纳税人识别号： 地址 、 电话： 开户行及账号：				密码区	（略）		
货物或应税劳务名称	规格型号	单位	数　量	单　价	金　　额	税率	税　　额	
合　　计								
价税合计（大写）	⊗				（小写）			
销货单位	名　　称： 纳税人识别号： 地址 、 电话： 开户行及账号：				备注	广东博洋服饰有限公司 440162256268024 发票专用章		

收款人：谢丽晴　　复核：杨欣梅　　开票人：王耀林　　销货单位：（章）

第三联　记账联　销货方记账凭证

图 3-10　增值税专用发票记账联

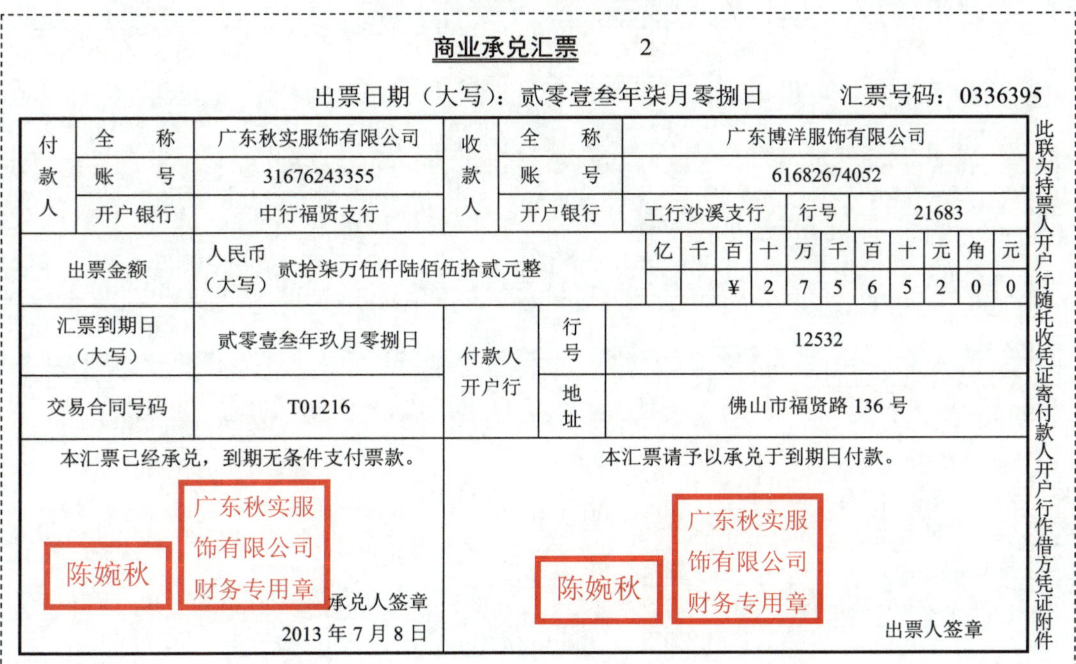
商业承兑汇票　　2

出票日期（大写）：贰零壹叁年柒月零捌日　　汇票号码：0336395

付款人	全　称	广东秋实服饰有限公司	收款人	全　称	广东博洋服饰有限公司	
	账　号	31676243355		账　号	61682674052	
	开户银行	中行福贤支行		开户银行	工行沙溪支行	行号 21683
出票金额	人民币（大写）	贰拾柒万伍仟陆佰伍拾贰元整			亿 千 百 十 万 千 百 十 元 角 元 ¥ 2 7 5 6 5 2 0 0	
汇票到期日（大写）	贰零壹叁年玖月零捌日		付款人开户行	行号	12532	
交易合同号码	T01216			地址	佛山市福贤路 136 号	
本汇票已经承兑，到期无条件支付票款。 陈婉秋　广东秋实服饰有限公司财务专用章 承兑人签章 2013 年 7 月 8 日			本汇票请予以承兑于到期日付款。 陈婉秋　广东秋实服饰有限公司财务专用章 出票人签章			

此联为持票人开户行随托收凭证寄付款人开户行作借方凭证附件

图 3-11　商业承兑汇票

产品出库单

2013 年 7 月 8 日　　　　第 3403 号

产品名称	规格	型号	单位	数量	单位成本/元	金额/元
西服			件	400		
针织衫			件	600		

仓库主管：陈德明　　复核：杨欣梅　　发货：朱永材　　制单：梁芳

图 3-12　产品出库单

6）2013 年 7 月 10 日，根据合同向广东万邦服饰有限公司销售衬衫 400 件，单价为 90 元，风衣 200 件，单价为 195 元，开出增值税专用发票，见图 3-13。合同约定，按含税价款提供现金折扣，现金折扣条件为（2/10，1/20，*n*/30）。另附产品出库单一张，见图 3-14。

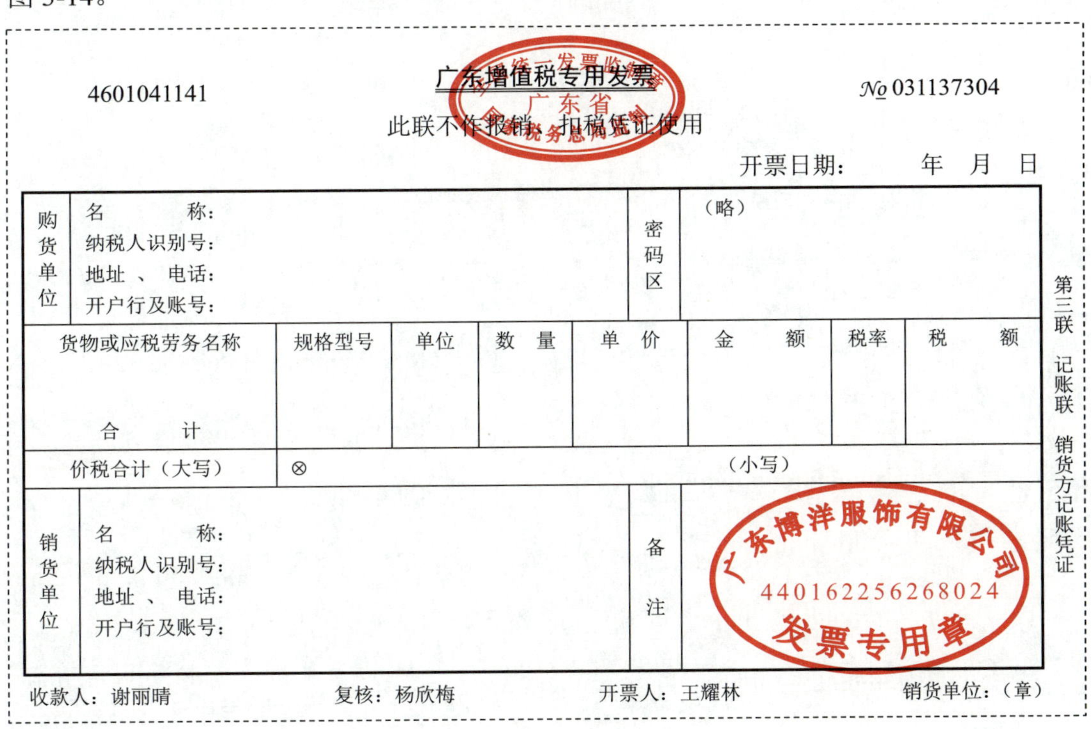

4601041141　　**广东增值税专用发票**　　№ 031137304

此联不作报销、扣税凭证使用

开票日期：　　年　月　日

购货单位	名　称： 纳税人识别号： 地址、电话： 开户行及账号：				密码区	（略）	
货物或应税劳务名称	规格型号	单位	数　量	单　价	金　额	税率	税　额
合　计							
价税合计（大写）	⊗				（小写）		
销货单位	名　称： 纳税人识别号： 地址、电话： 开户行及账号：				备注	广东博洋服饰有限公司 440162256268024 发票专用章	

第三联　记账联　销货方记账凭证

收款人：谢丽晴　　复核：杨欣梅　　开票人：王耀林　　销货单位：（章）

图 3-13　增值税专用发票

产品出库单

2013 年 7 月 10 日　　　　第 3404 号

产品名称	规格	型号	单位	数量	单位成本/元	金额/元
衬衫			件	400		
风衣			件	200		

仓库主管：陈德明　　复核：杨欣梅　　发货：朱永材　　制单：梁芳

图 3-14　产品出库单

7）2013 年 7 月 12 日，本月 6 日销售给广东千姿服饰有限公司的针织衫，经检验有 10 件针织衫的规格与合同不符，广东千姿服饰有限公司要求这 10 件针织衫给予 20%的折让。经核查广东千姿服饰有限公司的要求合理，公司同意并办妥了相关手续。销售折让审批单、开具红字增值税专用发票通知单、增值税专用发票和支票见图 3-15～图 3-18。

销售折让审批单

2013 年 7 月 12 日

购买单位	广东千姿服饰有限公司		销售折让原因	10 件针织衫的规格与合同不符	
商品名称	销售时间	折让数量/件	价税金额/元	折让率/%	折让金额/元
针织衫	2013.7.6	10	1 755.00	20	351.00
合计	-	—	¥1 775.00	20	¥351.00

会计主管：陈永建　　　　销售主管：王裕峰　　　　制表：梁芳

图 3-15　销售折让审批单

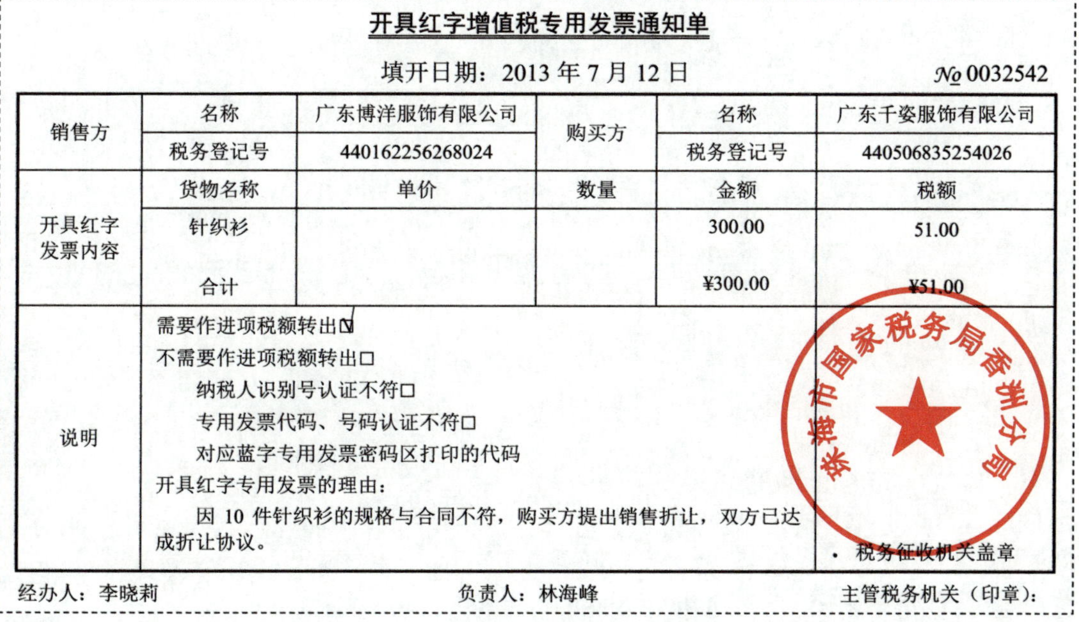

开具红字增值税专用发票通知单

填开日期：2013 年 7 月 12 日　　　　№ 0032542

销售方	名称	广东博洋服饰有限公司	购买方	名称	广东千姿服饰有限公司
	税务登记号	440162256268024		税务登记号	440506835254026
开具红字发票内容	货物名称	单价	数量	金额	税额
	针织衫			300.00	51.00
	合计			¥300.00	¥51.00
说明	需要作进项税额转出☑ 不需要作进项税额转出□ 纳税人识别号认证不符□ 专用发票代码、号码认证不符□ 对应蓝字专用发票密码区打印的代码 开具红字专用发票的理由： 因 10 件针织衫的规格与合同不符，购买方提出销售折让，双方已达成折让协议。				珠海市国家税务局香洲分局 税务征收机关盖章

经办人：李晓莉　　　　负责人：林海峰　　　　主管税务机关（印章）：

图 3-16　开具红字增值税专用发票通知单

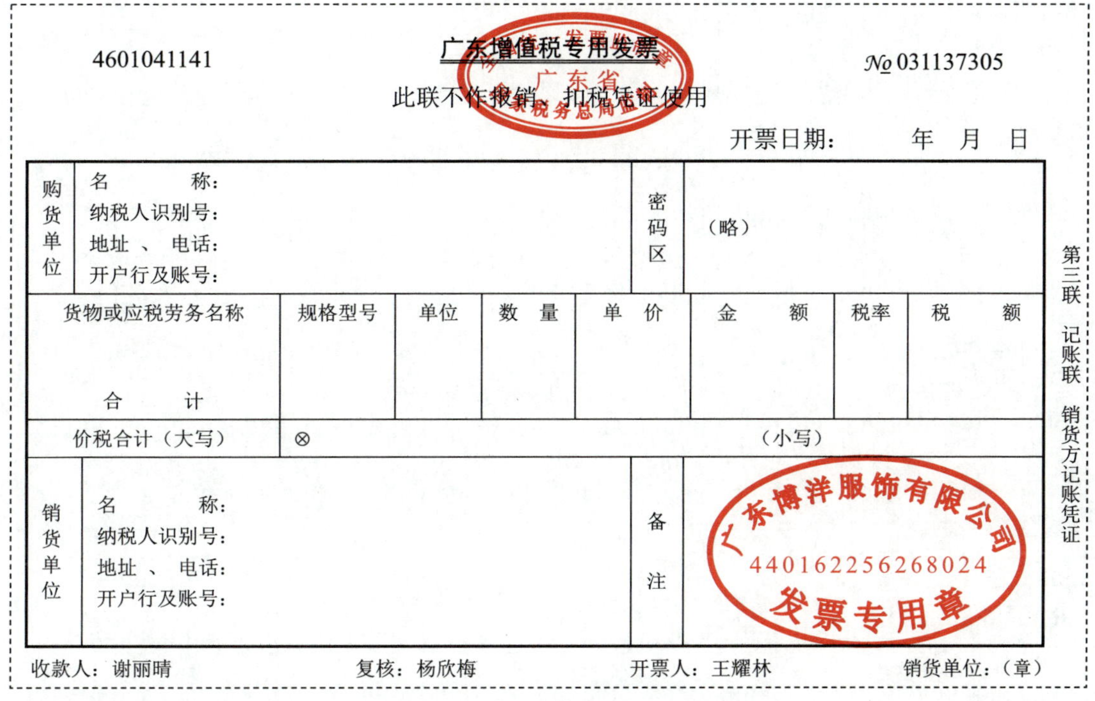

4601041141　　广东增值税专用发票　　№ 031137305

此联不作报销、扣税凭证使用

开票日期：　　年　月　日

购货单位	名　　称： 纳税人识别号： 地址 、 电话： 开户行及账号：				密码区	（略）	
货物或应税劳务名称	规格型号	单位	数　量	单　价	金　　额	税率	税　　额
合　　计							
价税合计（大写）	⊗				（小写）		
销货单位	名　　称： 纳税人识别号： 地址 、 电话： 开户行及账号：				备注		

收款人：谢丽晴　　复核：杨欣梅　　开票人：王耀林　　销货单位：（章）

第三联　记账联　销货方记账凭证

图 3-17　增值税专用发票

中国工商银行支票存根（粤）
GS 01034301

附加信息

出票日期　年　月　日

收款人：
金　额：
用　途：

单位主管　　会计

中国工商银行支票（粤）　　GS
01034301

付款期限自出票之日起十天

出票日期（大写）　　年　　月　　日　　付款行名称：
收款人：　　　　出票人账号：

人民币 (大 写)	千	百	十	万	千	百	十	元	角	分

用途________　　密码________
上列款项请从　　行号________
我账户内支付
出票人签章

广东博洋服饰有限公司财务专用章　　李润华

复核　　记账

图 3-18　支票

8）2013 年 7 月 12 日，支付机动车交通事故责任强制保险费。交强险费发票和支票见图 3-19 和图 3-20。

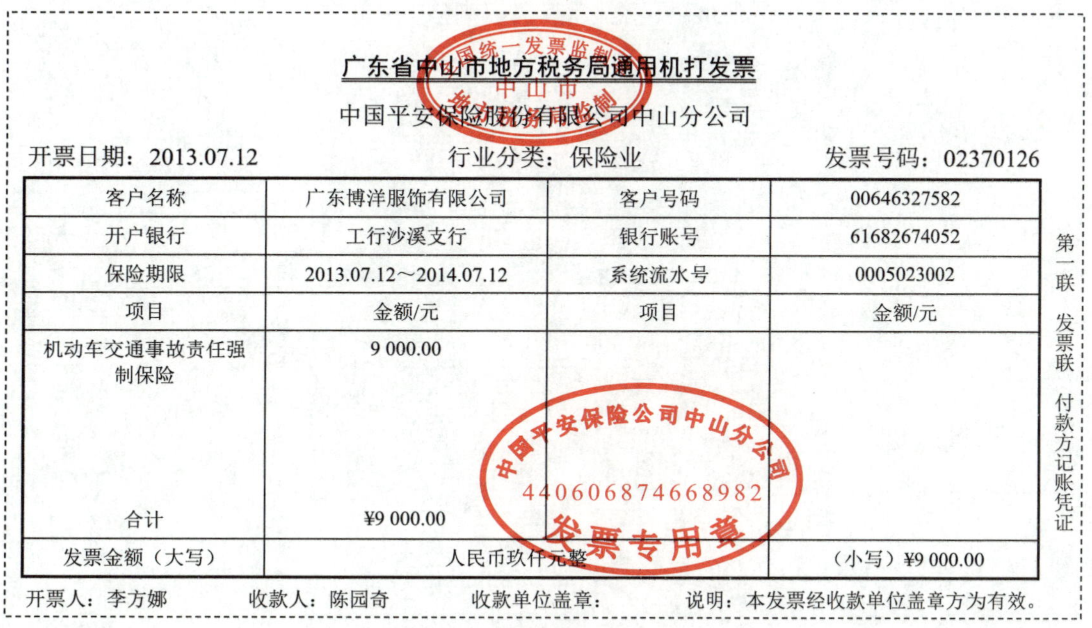

广东省中山市地方税务局通用机打发票

中国平安保险股份有限公司中山分公司

开票日期：2013.07.12　　行业分类：保险业　　发票号码：02370126

客户名称	广东博洋服饰有限公司	客户号码	00646327582
开户银行	工行沙溪支行	银行账号	61682674052
保险期限	2013.07.12～2014.07.12	系统流水号	0005023002
项目	金额/元	项目	金额/元
机动车交通事故责任强制保险	9 000.00		
合计	¥9 000.00		
发票金额（大写）	人民币玖仟元整		（小写）¥9 000.00

开票人：李方娜　　收款人：陈园奇　　收款单位盖章：　　说明：本发票经收款单位盖章方为有效。

第一联 发票联 付款方记账凭证

图 3-19　交强险费发票

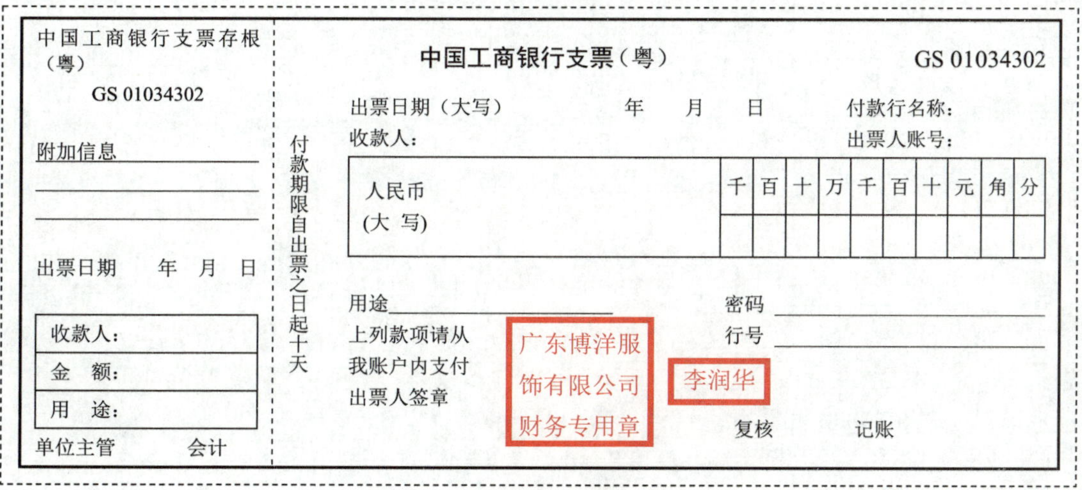

中国工商银行支票存根（粤）
GS 01034302

附加信息

出票日期　年　月　日

收款人：
金　额：
用　途：

单位主管　　会计

付款期限自出票之日起十天

中国工商银行支票（粤）　　GS 01034302

出票日期（大写）　年　月　日　　付款行名称：

收款人：　　出票人账号：

人民币（大 写）	千	百	十	万	千	百	十	元	角	分

用途　　密码

上列款项请从我账户内支付　　行号

出票人签章

复核　　记账

图 3-20　支票

9）2013 年 7 月 13 日，支付电动缝纫机修理费用。增值税专用发票发票联和支票见图 3-21 和图 3-22。

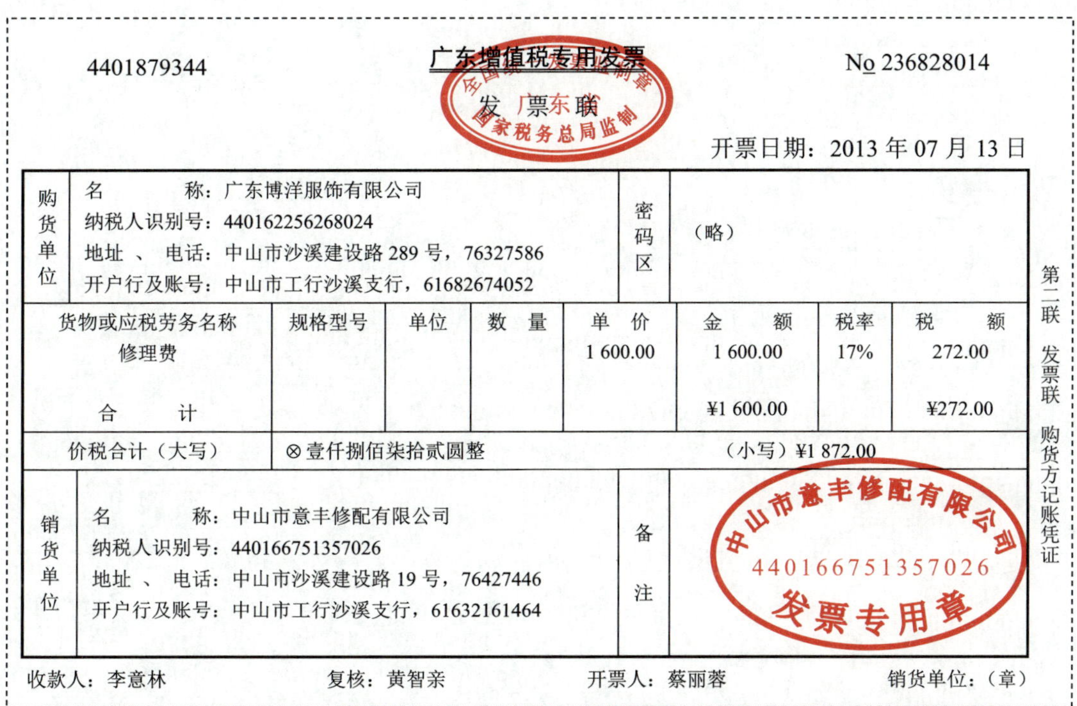

4401879344

广东增值税专用发票

发 票 联

No 236828014

开票日期：2013 年 07 月 13 日

<table>
<tr><td>购货单位</td><td colspan="4">名　　称：广东博洋服饰有限公司
纳税人识别号：440162256268024
地址 、 电话：中山市沙溪建设路 289 号，76327586
开户行及账号：中山市工行沙溪支行，61682674052</td><td>密码区</td><td colspan="4">（略）</td></tr>
<tr><td colspan="2">货物或应税劳务名称</td><td>规格型号</td><td>单位</td><td>数 量</td><td>单 价</td><td>金 额</td><td>税率</td><td>税 额</td></tr>
<tr><td colspan="2">修理费</td><td></td><td></td><td></td><td>1 600.00</td><td>1 600.00</td><td>17%</td><td>272.00</td></tr>
<tr><td colspan="2">合 计</td><td></td><td></td><td></td><td></td><td>¥1 600.00</td><td></td><td>¥272.00</td></tr>
<tr><td colspan="2">价税合计（大写）</td><td colspan="7">⊗壹仟捌佰柒拾贰圆整　　　　（小写）¥1 872.00</td></tr>
<tr><td>销货单位</td><td colspan="4">名　　称：中山市意丰修配有限公司
纳税人识别号：440166751357026
地址 、 电话：中山市沙溪建设路 19 号，76427446
开户行及账号：中山市工行沙溪支行，61632161464</td><td>备注</td><td colspan="3"></td></tr>
</table>

收款人：李意林　　复核：黄智亲　　开票人：蔡丽蓉　　销货单位：（章）

第二联 发票联 购货方记账凭证

图 3-21　增值税专用发票发票联

中国工商银行支票存根（粤）

GS 01034303

附加信息

出票日期　年　月　日

收款人：
金　额：
用　途：

单位主管　　会计

中国工商银行支票（粤）　　GS

01034303

出票日期（大写）　　年　月　日　　付款行名称：

收款人：　　出票人账号：

付款期限自出票之日起十天

人民币（大 写）	千	百	十	万	千	百	十	元	角	分

用途______　　密码______

上列款项请从　　行号______

我账户内支付

出票人签章　　广东博洋服饰有限公司财务专用章　　李润华

复核　　记账

图 3-22　支票

10）2013 年 7 月 14 日，收到广东千姿服饰有限公司欠货款。电汇凭证（收账通知）见图 3-23。

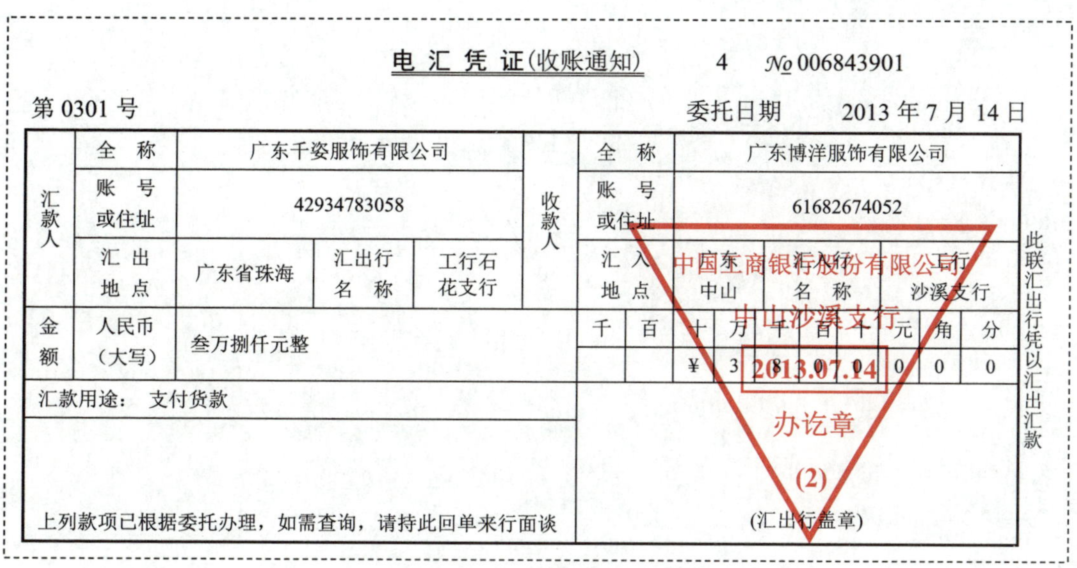

电 汇 凭 证(收账通知) 4 №006843901

第 0301 号 委托日期 2013 年 7 月 14 日

汇款人	全 称	广东千姿服饰有限公司			收款人	全 称	广东博洋服饰有限公司		
	账 号 或住址	42934783058				账 号 或住址	61682674052		
	汇出 地点	广东省珠海	汇出行 名 称	工行石花支行		汇入 地点	广东中山	汇入行 名 称	工行沙溪支行
金额	人民币 （大写）	叁万捌仟元整				千 百 十 万 千 百 十 元 角 分	¥ 3 8 0 0 0 0 0		
汇款用途：支付货款									
上列款项已根据委托办理，如需查询，请持此回单来行面谈						（汇出行盖章）			

此联汇出行凭以汇出汇款

图 3-23 电汇凭证（收账通知）

11）2013 年 7 月 14 日，支付前欠广东祥丰布业有限公司材料款。托收凭证（付款通知）见图 3-24。

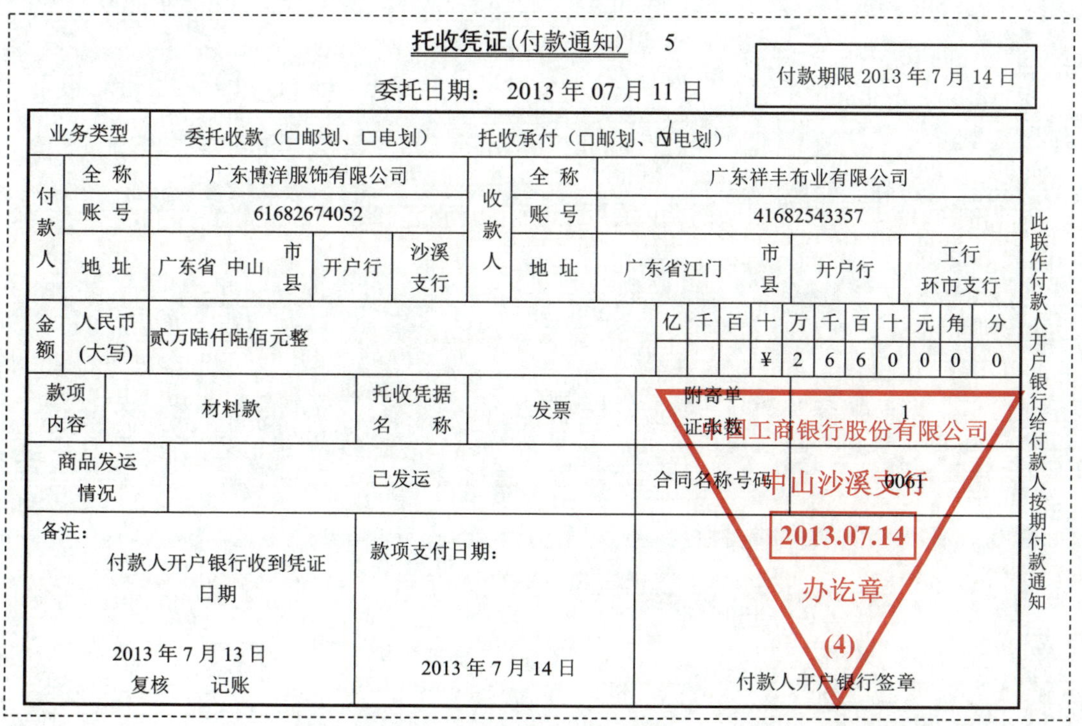

托收凭证(付款通知) 5

委托日期： 2013 年 07 月 11 日 付款期限 2013 年 7 月 14 日

业务类型	委托收款（□邮划、□电划）				托收承付（□邮划、☑电划）				
付款人	全 称	广东博洋服饰有限公司			收款人	全 称	广东祥丰布业有限公司		
	账 号	61682674052				账 号	41682543357		
	地 址	广东省 中山 市/县	开户行	沙溪支行		地 址	广东省江门 市/县	开户行	工行环市支行
金额	人民币 （大写）	贰万陆仟陆佰元整				亿 千 百 十 万 千 百 十 元 角 分	¥ 2 6 6 0 0 0 0		
款项内容	材料款	托收凭据 名 称	发票			附寄单 证张数	1		
商品发运情况	已发运					合同名称号码	006		
备注： 付款人开户银行收到凭证日期 2013 年 7 月 13 日 复核 记账		款项支付日期： 2013 年 7 月 14 日				付款人开户银行签章			

此联作付款人开户银行给付款人按期付款通知

图 3-24 托收凭证（付款通知）

12）2013 年 7 月 15 日，向中山市红十字会捐款 5 000 元。广东省接受社会捐赠专用收据和支票见图 3-25 和图 3-26。

广东省接受社会捐赠专用收据

2013 年 7 月 15 日

捐赠者	广东博洋服饰有限公司			货币种类	人民币
捐赠项目	货币捐款				
项目（现款或实物）	单位	规格	数量	单价	金额/元
现款					5 000.00
合计（大写）	零佰零拾零万伍仟零佰零拾零元零角零分（¥5 000.00）				

第二联 收据

收款人：陈燕纯　　开票人：张海丽　　收费单位（盖章）：

图 3-25　广东省接受社会捐赠专用收据

中国工商银行支票存根（粤）

GS 01034304

附加信息

出票日期　年　月　日

收款人：

金　额：

用　途：

单位主管　　会计

付款期限自出票之日起十天

中国工商银行支票（粤）　　GS 01034304

出票日期（大写）　年　月　日　　付款行名称：

收款人：　　出票人账号：

人民币（大写）	千	百	十	万	千	百	十	元	角	分

用途＿＿＿＿＿＿　　密码＿＿＿＿＿＿

上列款项请从　　行号＿＿＿＿＿＿

我账户内支付

出票人签章　广东博洋服饰有限公司财务专用章　李润华　　复核　　记账

图 3-26　支票

13）2013 年 7 月 16 日，接银行付款通知，支付本月电话费。特种转账借方凭证和电话费发票见图 3-27 和图 3-28。

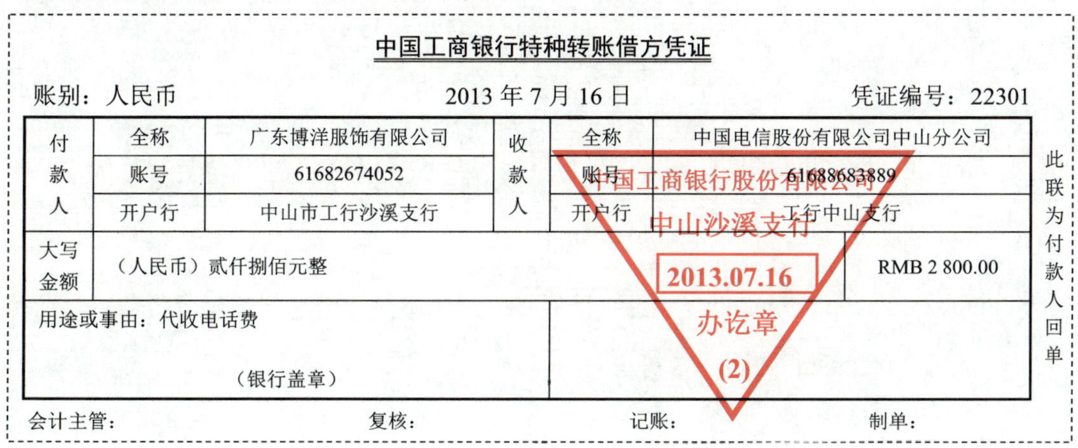

中国工商银行特种转账借方凭证

账别：人民币　　2013 年 7 月 16 日　　凭证编号：22301

付款人	全称	广东博洋服饰有限公司	收款人	全称	中国电信股份有限公司中山分公司
	账号	61682674052		账号	61688683889
	开户行	中山市工行沙溪支行		开户行	工行中山支行
大写金额	（人民币）贰仟捌佰元整				RMB 2 800.00
用途或事由：代收电话费 （银行盖章）					

此联为付款人回单

会计主管：　　复核：　　记账：　　制单：

中国工商银行股份有限公司 中山沙溪支行 2013.07.16 办讫章 (2)

图 3-27　特种转账借方凭证

中国电信 CHINA TELECOM　广东省中山市地方税务局通用机打发票

中国电信股份有限公司中山分公司

开票日期：2013.7.16　　行业分类：电信业　　发票号码：00313626

客户名称	广东博洋服饰有限公司	客户号码	76327586
开户银行	中山市工行沙溪支行	银行账号	61682674052
计费周期	2013.06.16～2013.07.15	系统流水号	0318423
项目	金额/元	项目	金额/元
电话费	2 800.00		
本月合计	¥2 800.00		
发票金额（大写）	人民币贰仟捌佰元整		（小写）¥2 800.00

开票人：陈彬　　收款单位盖章：　　说明：本发票经收款单位盖章方为有效。

（印章：全国统一发票监制章 中山市地方税务局监制；中国电信股份有限公司中山分公司 440168836268992 发票专用章）

图 3-28　电话费发票

14）2013 年 7 月 16 日，收到广东万邦服饰有限公司支付的本月 10 日的货款。转账支票、银行进账单和现金折扣审批单见图 3-29～图 3-31。

中国建设银行支票（粤）　　GS 03624331

付款期限自出票之日起十天

出票日期（大写）贰零壹叁 年 柒 月壹拾陆日　　付款行名称：建行临江支行

收款人：广东博洋服饰有限公司　　出票人账号：13657443035

人民币（大写）	捌万伍仟玖佰玖拾伍元整	千	百	十	万	千	百	十	元	角	分
				¥	8	5	9	9	5	0	0

用途　支付货款

上列款项请从

我账户内支付

出票人签章　　（印章：广东万邦服饰有限公司财务专用章）（印章：黄德瑞）

密码

行号

复核　　记账

附加信息：	被背书人	被背书人
	背书人签章 年　月　日	背书人签章 年　月　日

图 3-29　转账支票

中国工商银行进账单(回单)　　1

年　月　日

<table>
<tr><td rowspan="3">出票人</td><td>全　称</td><td></td><td rowspan="3">收款人</td><td>全　称</td><td></td></tr>
<tr><td>账　号</td><td></td><td>账　号</td><td></td></tr>
<tr><td>开户银行</td><td></td><td>开户银行</td><td></td></tr>
<tr><td>金额</td><td colspan="3">人民币
(大写)</td><td colspan="2">亿 千 百 十 万 千 百 十 元 角 分</td></tr>
<tr><td colspan="2">票据种类</td><td>票据张数</td><td colspan="3" rowspan="3">开户银行盖章</td></tr>
<tr><td colspan="2">票据号码</td><td></td></tr>
<tr><td colspan="3">复核　　记账</td></tr>
</table>

此联是开户银行交给持（出）票人的回单

图 3-30　银行进账单

现金折扣审批单

2013 年 7 月 16 日

购买单位	广东万邦服饰有限公司		现金折扣条件	(2/10，1/20，*n*/30)	
商品名称	销售时间	收款时间	售价金额/元	折扣率/%	现金折扣/元
衬衫	2013.7.10	2013.7.16	42 120.00	2	842.40
风衣	2013.7.10	2013.7.16	45 630.00	2	912.60
合计	—	—	¥87 750.00	2	¥1 755.00

会计主管：陈永建　　销售主管：王裕峰　　制表：梁芳

图 3-31　现金折扣审批单

15）2013 年 7 月 18 日，开出支票支付产品广告费。增值税专用发票发票联和支票见图 3-32 和图 3-33。

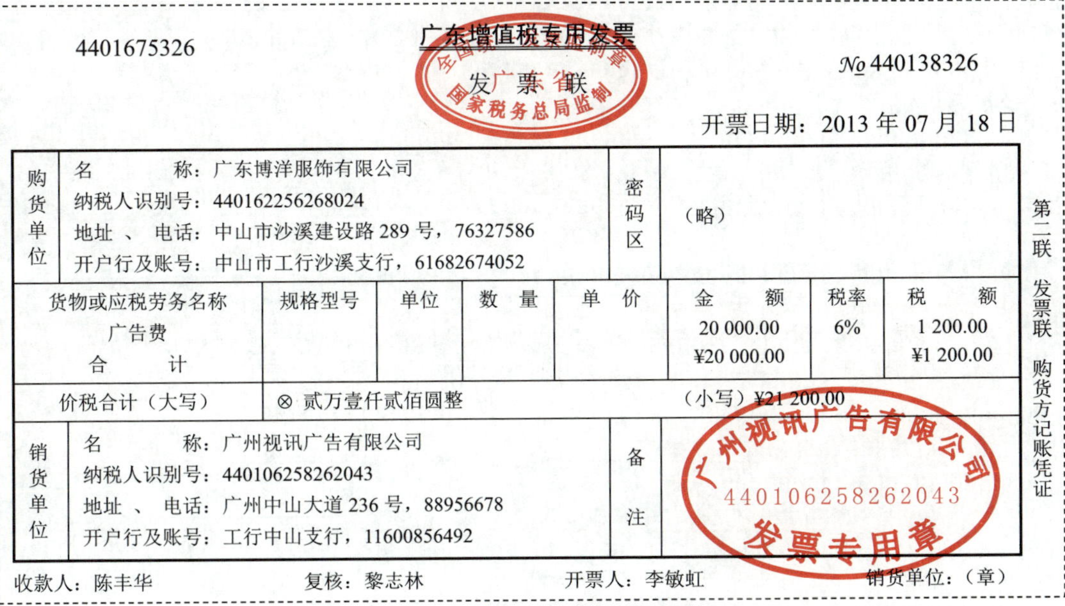

广东增值税专用发票

4401675326　　№ 440138326

发　票　联

开票日期：2013 年 07 月 18 日

<table>
<tr><td>购货单位</td><td colspan="5">名　　称：广东博洋服饰有限公司
纳税人识别号：440162256268024
地址 、 电话：中山市沙溪建设路 289 号，76327586
开户行及账号：中山市工行沙溪支行，61682674052</td><td>密码区</td><td colspan="3">（略）</td></tr>
<tr><td colspan="2">货物或应税劳务名称</td><td>规格型号</td><td>单位</td><td>数　量</td><td>单　价</td><td>金　额</td><td>税率</td><td>税　额</td></tr>
<tr><td colspan="2">广告费</td><td></td><td></td><td></td><td></td><td>20 000.00</td><td>6%</td><td>1 200.00</td></tr>
<tr><td colspan="2">合　　计</td><td></td><td></td><td></td><td></td><td>¥20 000.00</td><td></td><td>¥1 200.00</td></tr>
<tr><td colspan="2">价税合计（大写）</td><td colspan="7">⊗ 贰万壹仟贰佰圆整　　（小写）¥21 200.00</td></tr>
<tr><td>销货单位</td><td colspan="5">名　　称：广州视讯广告有限公司
纳税人识别号：440106258262043
地址 、 电话：广州中山大道 236 号，88956678
开户行及账号：工行中山支行，11600856492</td><td>备注</td><td colspan="3"></td></tr>
</table>

收款人：陈丰华　　复核：黎志林　　开票人：李敏虹　　销货单位：（章）

第二联 发票联 购货方记账凭证

图 3-32　增值税专用发票发票联

<table>
<tr><td colspan="2">中国工商银行支票存根（粤）
GS 01034305

附加信息

出票日期 年 月 日</td><td rowspan="5">付款期限自出票之日起十天</td><td colspan="4">中国工商银行支票（粤） GS
01034305
出票日期（大写） 年 月 日 付款行名称：
收款人： 出票人账号：</td></tr>
<tr><td colspan="2">收款人：</td><td colspan="4">人民币
（大 写） | 千 | 百 | 十 | 万 | 千 | 百 | 十 | 元 | 角 | 分</td></tr>
<tr><td colspan="2">金 额：</td><td colspan="4">用途 密码
上列款项请从 行号
我账户内支付
出票人签章 广东博洋服饰有限公司财务专用章 李润华</td></tr>
<tr><td colspan="2">用 途：</td><td colspan="4"></td></tr>
<tr><td>单位主管</td><td>会计</td><td colspan="4">复核 记账</td></tr>
</table>

图 3-33 支票

16）2013 年 7 月 20 日，向广东祥美服饰有限公司销售不需用的棉布 400 米，单价为 12.5 元，款项已收存银行。增值税专用发票记账联、转账支票、银行进账单和产品领料单见图 3-34～图 3-37。

广东增值税专用发票

4601041141　　　　　　　　　　　　　　　　　　№ 031137306

此联不作报销、扣税凭证使用

开票日期： 年 月 日

<table>
<tr><td>购货单位</td><td colspan="4">名 称：
纳税人识别号：
地址 、 电话：
开户行及账号：</td><td>密码区</td><td colspan="3">（略）</td></tr>
<tr><td colspan="2">货物或应税劳务名称</td><td>规格型号</td><td>单位</td><td>数 量</td><td>单 价</td><td>金 额</td><td>税率</td><td>税 额</td></tr>
<tr><td colspan="2">合 计</td><td></td><td></td><td></td><td></td><td></td><td></td><td></td></tr>
<tr><td colspan="2">价税合计（大写）</td><td colspan="7">⊗ （小写）</td></tr>
<tr><td>销货单位</td><td colspan="4">名 称：
纳税人识别号：
地址 、 电话：
开户行及账号：</td><td>备注</td><td colspan="3">广东博洋服饰有限公司
440162256268024
发票专用章</td></tr>
</table>

收款人：谢丽晴　　复核：杨欣梅　　开票人：王耀林　　销货单位：（章）

第三联 记账联 销货方记账凭证

图 3-34 增值税专用发票记账联

中国银行支票（粤）　　GS 03864331

付款期限自出票之日起十天

出票日期（大写）贰零壹叁 年 柒 月零贰拾日　　付款行名称：中行沙溪支行
收款人：广东博洋服饰有限公司　　出票人账号：61722683058

人民币(大 写)	伍仟捌佰伍拾元整	千	百	十	万	千	百	十	元	角	分
					¥	5	8	5	0	0	0

用途 支付货款　　密码
上列款项请从　　行号
我账户内支付
出票人签章　　复核　　记账

广东祥美服饰有限公司财务专用章　李建祥

附加信息：	被背书人：	被背书人：
	背书人签章 年 月 日	背书人签章 年 月 日

图 3-35　转账支票

中国工商银行进账单（回单）　　1

年　月　日

出票人	全　称		收款人	全　称	
	账　号			账　号	
	开户银行			开户银行	

金额	人民币(大写)	亿	千	百	十	万	千	百	十	元	角	分

票据种类		票据张数		
票据号码				
复核　记账				开户银行盖章

此联是开户银行交给持（出）票人的回单

图 3-36　银行进账单

领料单

用途：销售　　2013 年 7 月 20 日　　第 3405 号

材料名称	规格	型号	单位	数量	单位成本	金额/元
棉布			米	400		

仓库主管：陈德明　　复核：杨欣梅　　发货：朱永材　　制单：梁芳

图 3-37　领料单

17）2013 年 7 月 22 日，根据合同向广东千秋服饰有限公司销售西服 200 件，单价为 375 元，衬衫 500 件，单价为 90 元，收到广东千秋服饰有限公司开出的银行承兑汇票。增值税专用发票记账联、银行承兑汇票和产品出库单见图 3-38～图 3-40。

4601041141　　　　**广东增值税专用发票**　　　　№ 031137307

此联不作报销、扣税凭证使用

开票日期：　　年　月　日

购货单位	名　　称： 纳税人识别号： 地址 、 电话： 开户行及账号：				密码区	（略）		
货物或应税劳务名称	规格型号	单位	数　量	单　价	金　　额	税率	税　　额	
合　　计								
价税合计（大写）	⊗				（小写）			
销货单位	名　　称： 纳税人识别号： 地址 、 电话： 开户行及账号：				备注	广东博洋服饰有限公司 440162256268024 发票专用章		

收款人：谢丽晴　　复核：杨欣梅　　开票人：王耀林　　销货单位：（章）

第三联　记账联　销货方记账凭证

图 3-38　增值税专用发票记账联

银行承兑汇票　　2

出票日期（大写）：贰零壹叁年柒月贰拾贰日　　汇票号码：0143896

出票人全称	广东千秋服饰有限公司	收款人	全　　称	广东博洋服饰有限公司										
出票人账号	11634153054		账　　号	61682674052										
付款行全称	广州工行花城支行		开户银行	工行沙溪支行	行号	21683								
出票金额	人民币（大写）　壹拾肆万零肆佰元整			亿	千	百	十	万	千	百	十	元	角	元
						¥	1	4	0	4	0	0	0	0
汇票到期日（大写）	贰零壹叁年玖月贰拾贰日	付款行	行号	02496										
承兑协议编号	0020136432		地址	广州市花城大道 72 号										
本汇票请你行承兑，此项汇票款我单位承兑协议于到期日前足额交存银行，到期请予以支付。 范锐德　广东千秋服饰有限公司财务专用章 出票人签章		本汇票已承兑，到期由本行承付。 承兑行签章 承兑日期：2013.7.22 备注：		中国工商银行银行汇票专用章 复核　记账										

此联收款人开户行随托收凭证寄付款行作借方凭证附件

图 3-39　银行承兑汇票

产品出库单

2013 年 7 月 22 日　　　　第 3406 号

产品名称	规格	型号	单位	数量	单位成本/元	金额/元
西服			件	200		
衬衫			件	500		

仓库主管：陈德明　　复核：杨欣梅　　发货：朱永材　　制单：梁芳

图 3-40　产品出库单

18）2013 年 7 月 25 日，销售科报销日常开支 3 600 元，并以现金补足定额备用金。费用报销单见图 3-41。

费用报销单

2013 年 7 月 25 日　　　　附原始单据 10 张

报销部门	销售科	报销人	梁峰
费用项目	单据张数	金额/元	备注
日常开支	10	3 600.00	
			现金付讫
合计	10	¥3 600.00	
金额（大写）	人民币叁仟陆佰元整		
单位领导审批：同意 李润华		部门主管审批：同意 王裕峰	

会计主管：陈永建　　复核：杨欣梅　　出纳：谢丽晴　　领款人：梁峰

图 3-41　费用报销单

19）2013 年 7 月 28 日，根据合同向广东千姿服饰有限公司销售针织衫 500 件，单价为 155 元，风衣 300 件，单价为 216 元，款项已收存银行。增值税专用发票记账联、转账支票、银行进账单和产品出库单见图 3-42～图 3-45。

4601041141　　**广东增值税专用发票**　　№ 031137308

此联不作报销、扣税凭证使用

开票日期：　　年　月　日

购货单位	名　　称： 纳税人识别号： 地址　、　电话： 开户行及账号：					密码区	（略）	
货物或应税劳务名称	规格型号	单位	数　量	单　价	金　　额	税率	税　　额	
合　　计								
价税合计（大写）	⊗					（小写）		
销货单位	名　　称： 纳税人识别号： 地址　、　电话： 开户行及账号：					备注	广东博洋服饰有限公司 440162256268024 发票专用章	

收款人：谢丽晴　　复核：杨欣梅　　开票人：王耀林　　销货单位：（章）

第三联　记账联　销货方记账凭证

图 3-42　增值税专用发票记账联

中国工商银行支票（粤）　　GS 03344031

出票日期（大写）贰零壹叁 年 柒 月贰拾捌 日　　付款行名称：工行石花支行

收款人：广东博洋服饰有限公司　　出票人账号：42934783058

人民币（大 写）	壹拾陆万陆仟肆佰玖拾壹元整	千	百	十	万	千	百	十	元	角	分
			¥	1	6	6	4	9	1	0	0

用途　支付货款

上列款项请从

我账户内支付

出票人签章　　广东千姿服饰有限公司财务专用章　　王德胜

密码

行号

复核　　记账

付款期限自出票之日起十天

附加信息：	被背书人	被背书人
	背书人签章 年　月　日	背书人签章 年　月　日

图 3-43　转账支票

中国工商银行进账单（回单） 1

年 月 日

出票人	全 称		收款人	全 称	
	账 号			账 号	
	开户银行			开户银行	
金额	人民币（大写）			亿 千 百 十 万 千 百 十 元 角 分	
票据种类		票据张数			
票据号码					
复核	记账			开户银行盖章	

此联是开户银行交给持（出）票人的回单

图 3-44 银行进账单

产品出库单

2013 年 7 月 28 日　　　　第 3407 号

产品名称	规格	型号	单位	数量	单位成本/元	金额/元
针织衫			件	500		
风衣			件	300		

仓库主管：陈德明　　复核：杨欣梅　　发货：朱永材　　制单：梁芳

图 3-45 产品出库单

20）2013 年 7 月 31 日，接银行收款通知，收到银行存款利息。（存款）利息清单见图 3-46。

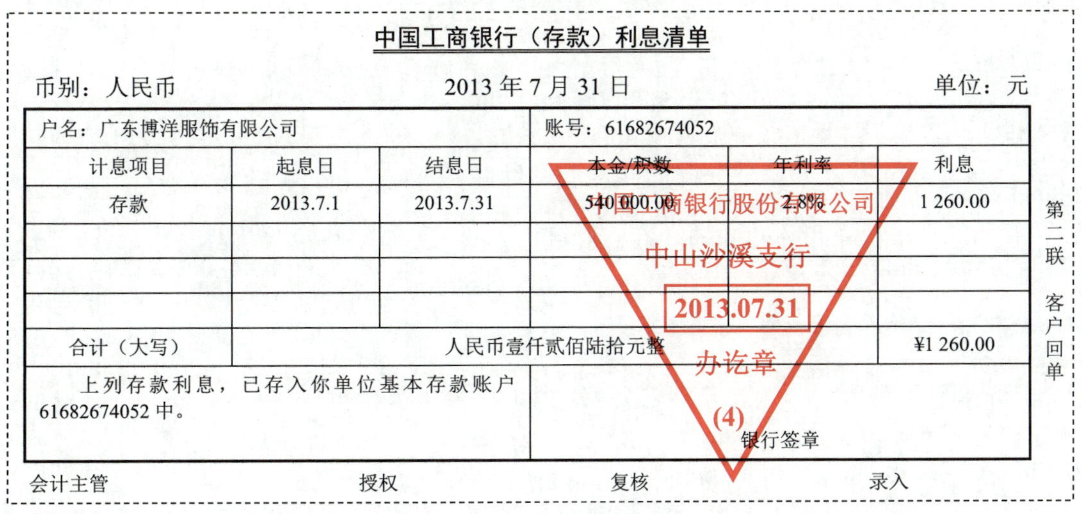

中国工商银行（存款）利息清单

币别：人民币　　2013 年 7 月 31 日　　单位：元

户名：广东博洋服饰有限公司			账号：61682674052		
计息项目	起息日	结息日	本金/积数	年利率	利息
存款	2013.7.1	2013.7.31	540 000.00	2.8%	1 260.00
合计（大写）	人民币壹仟贰佰陆拾元整				¥1 260.00
上列存款利息，已存入你单位基本存款账户 61682674052 中。			银行签章		

会计主管　　授权　　复核　　录入

第二联 客户回单

图 3-46 （存款）利息清单

21）2013 年 7 月 31 日，本月增值税进项税额合计为 75 582 元，营业税为 1 200 元，计算本月应交城市维护建设税（7%）和教育费附加税（3%）。税费计算表见图3-47。

税费计算表

2013 年 7 月 31 日

税（费）种	计税基数/元	税（费）率/%	税（费）额/元	备注
城市维护建设税				
教育费附加				
合计				

会计主管：陈永建　　　　会计：杨欣梅　　　　制单：梁芳

图 3-47　税费计算表

22）2013 年 7 月 31 日，发现上月 14 日填制的“记 26 凭证”有错。“记 26 凭证”、“记 26 凭证”所附发票和“记 26 凭证”所附支票存根见图 3-48～图 3-50。

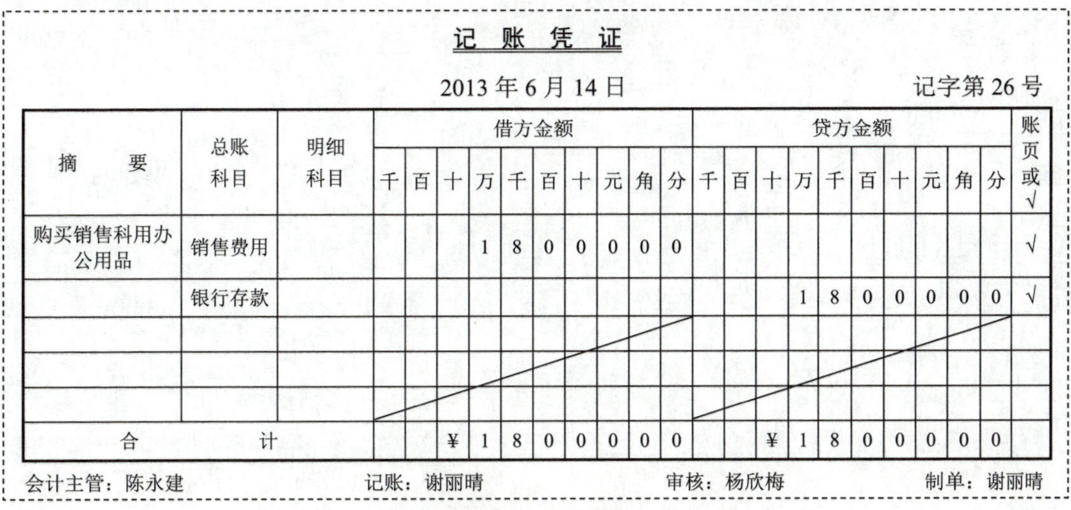

记　账　凭　证

2013 年 6 月 14 日　　　　记字第 26 号

摘　要	总账科目	明细科目	借方金额										贷方金额										账页或√
			千	百	十	万	千	百	十	元	角	分	千	百	十	万	千	百	十	元	角	分	
购买销售科用办公用品	销售费用					1	8	0	0	0	0	0											√
	银行存款															1	8	0	0	0	0	0	√
合　　计					¥	1	8	0	0	0	0	0			¥	1	8	0	0	0	0	0	

会计主管：陈永建　　记账：谢丽晴　　审核：杨欣梅　　制单：谢丽晴

图 3-48　记 26 凭证

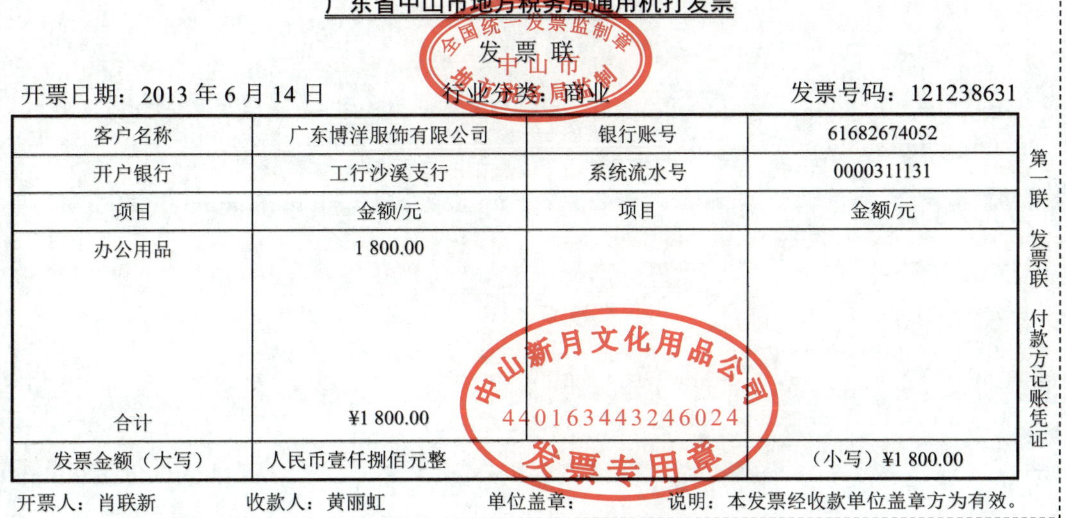

广东省中山市地方税务局通用机打发票

发票联

开票日期：2013 年 6 月 14 日　　行业分类：商业　　发票号码：121238631

客户名称	广东博洋服饰有限公司	银行账号	61682674052
开户银行	工行沙溪支行	系统流水号	0000311131
项目	金额/元	项目	金额/元
办公用品	1 800.00		
合计	¥1 800.00		
发票金额（大写）	人民币壹仟捌佰元整		（小写）¥1 800.00

第一联　发票联　付款方记账凭证

开票人：肖联新　　收款人：黄丽虹　　单位盖章：　　说明：本发票经收款单位盖章方为有效。

图 3-49　“记 26 凭证”所附发票

中国工商银行支票存根（粤）
GS 01034206

附加信息

出票日期　2013 年 06 月 14 日

收款人：中山新月文化用品公司
金　额：¥1 800.00
用　途：购买销售科用办公用品

单位主管　李润华　会计　杨欣梅

图 3-50 “记 26 凭证”所附支票存根

23）2013 年 7 月 31 日，结转本月材料销售成本，棉布单位成本为 11.50 元。材料销售成本汇总表见图 3-51。

材料销售成本汇总表

2013 年 7 月　　单位：元

材料名称	计量单位	销售量	单位成本	总成本
合计				

会计主管：陈永建　　会计：杨欣梅　　制单：梁芳

图 3-51　材料销售成本汇总表

24）2013 年 7 月 31 日，结转本月产品销售成本，其中西服单位成本为 208 元，衬衫单位成本为 55 元，针织衫单位成本为 96 元，风衣单位成本为 126 元。产品销售成本汇总表见图 3-52。

产品销售成本汇总表

2013 年 7 月　　单位：元

产品名称	计量单位	销售量	单位成本	总成本
合计				

会计主管：陈永建　　会计：杨欣梅　　制单：梁芳

图 3-52　产品销售成本汇总表

25）2013 年 7 月 31 日，结转本月损益类账户。损益类账户余额表和内部转账单见图 3-53～图 3-55。

损益类账户发生额表（结转到本年利润前）

2013 年 7 月　　　　单位：元

收入类账户	借方发生额	贷方发生额	费用类账户	借方发生额	贷方发生额
合计			合计		

会计主管：陈永建　　会计：杨欣梅　　制单：梁芳

图 3-53　损益类账户发生额表

内部转账单

2013 年 7 月 31 日　　　　转字第 301 号

摘要	结转科目			转入科目		
	总账科目	明细科目	金额/元	总账科目	明细科目	金额/元
结转收入类账户						
合计						

会计主管：陈永建　　会计：杨欣梅　　制单：梁芳

图 3-54　内部转账单（一）

内部转账单

2013 年 7 月 31 日　　　　转字第 302 号

摘要	结转科目			转入科目		
	总账科目	明细科目	金额/元	总账科目	明细科目	金额/元
结转费用类账户						
合计						

会计主管：陈永建　　会计：杨欣梅　　制单：梁芳

图 3-55　内部转账单（二）

26）2013 年 7 月 31 日，计算并结转本月应交所得税，企业所得税税率为 25%。税费计算表和内部转账单见图 3-56 和图 3-57。

税费计算表

2013 年 7 月 31 日

税（费）种	计税基数/元	税（费）率/%	税（费）额/元	备注
所得税				
合计				

会计主管：陈永建　　会计：杨欣梅　　制单：梁芳

图 3-56　税费计算表

内部转账单

2013 年 7 月 31 日　　转字第 303 号

摘要	结转科目			转入科目		
	总账科目	明细科目	金额/元	总账科目	明细科目	金额/元
结转所得税费用						
合计						

会计主管：陈永建　　会计：杨欣梅　　制单：梁芳

图 3-57　内部转账单

27）2013 年 7 月 31 日，结转“本年利润”账户余额到“利润分配——未分配利润”账户。内部转账单见图 3-58。

内部转账单

2013 年 7 月 31 日　　转字第 304 号

摘要	结转科目			转入科目		
	总账科目	明细科目	金额/元	总账科目	明细科目	金额/元
结转本年利润账户余额						
合计						

会计主管：陈永建　　会计：杨欣梅　　制单：梁芳

图 3-58　内部转账单

28）2013 年 7 月 31 日，计提法定盈余公积金，计提比例为 10%。计提盈余公积决议和法定盈余公积金计提表见图 3-59 和图 3-60。

[illegible]

[illegible]

[illegible]

[illegible]

[illegible]

[illegible]

广东博洋服饰有限公司股东大会决议

经股东大会一致同意，形成决议如下。

经股东大会决议批准，广东博洋服饰有限公司决定按税后利润的10%提取法定盈余公积金。

广东博洋服饰有限公司

董事长：李润华

2013年7月31日

图3-59　计提盈余公积决议

法定盈余公积金计提表

2013年7月31日

项目	计提基数/元	计提比例/%	计提金额/元	备注
法定盈余公积				
合计				

会计主管：陈永建　　会计：杨欣梅　　制单：梁芳

图3-60　法定盈余公积金计提表

项目四　综合业务实训

一、核算规则

1）采用通用记账凭证填制凭证。

2）采用记账凭证核算形式登记总账。

3）存货采用实际成本法核算。

4）采用月末一次加权平均法计算发出材料成本。

5）固定资产采用年限平均法计提折旧。

6）产品成本按品种法计算。

7）在产品完工程度按平均 50%计算。

8）材料在开始生产时一次投入，其他成本按约当产量比例分配。

9）该企业为一般纳税人，增值税税率为 17%。

10）计算数据保留到 2 位小数。

二、实训要求

1）填制原始凭证。

2）编制各经济业务的会计分录。

3）编制通用记账凭证并装订成册。

4）登记明细分类账（原材料、库存商品、主营业务收入）。

5）登记总账（原材料、库存商品、主营业务收入、应交税费）。

6）编制资产负债表与利润表。

三、知识链接

1. 财务报表

财务报表是指企业对外提供的反映企业某一特定时期的财务状况和某一会计期间的经营成果、现金流量的报表文件。财务报表按照其反映的经济内容，可分为资产负债表、利润表和现金流量表。

2. 资产负债表

资产负债表是反映企业某一特定日期财务状况的财务报表。资产负债表是企业主要财务报表之一，它属于静态报表。财务报表列报准则规定，我国企业的资产负债表应采用账户式结构。账户式资产负债表分左右两方，左方为资产项目，按资产的流动性大小排列；右方为负债及所有者权益项目，其中负债项目按偿还的先后顺序排列，所有者权益项目按其永续性递减顺序排列。账户式资产负债表中的资产各项目的合计数等于负债及所有者权益各项目的合计数。

3. 利润表

利润表是反映企业在一定会计期间经营成果的财务报表。利润表属于动态报表，它主要依据会计的收入实现原则和配比原则编制。财务报表列报准则规定，我国企业的利润表应采用多步式结构。多步式利润表将不同性质的收入和费用类别进行对比，按利润形成的主要环节列示一些中间性利润指标，如营业利润、利润总额和净利润，分步计算当期的净利润。

4. 现金流量表

现金流量表是反映企业在一定会计期间现金和现金等价物流入和流出的账务报表。现金是指企业库存现金及可以随时用于支付的存款，包括库存现金、银行存款和其他货币资金等，不能随时用于支付的存款不属于现金。现金等价物是指企业持有的期限短、流动性强、易于转换为已知金额现金、价值变动风险很小的投资。现金等价物通常包括 3 个月内到期的债券投资等。我国企业现金流量表采用报告式结构，分类反映经营活动产生的现金流量、投资活动产生的现金流量和筹资活动产生的现金流量，最后汇总反映企业某一期间现金及现金等价物的净增加额。

四、核算资料

1. 企业资料

（1）核算企业资料

核算企业资料同项目一出纳业务实训。

（2）企业供应商资料

企业供应商资料见表 4-1。

表 4-1 企业供应商资料

名称	开户账号	地址、电话	开户银行	行号	纳税人识别号
广东伟奇布业有限公司	11606313052	广州市工业大道 62 号，56672584	农行工业支行	02736	440101568268026
广东祥丰布业有限公司	41682543357	江门市江会路 172 号，82682584	工行环市支行	22472	440606498268020
广东通达快递有限公司	61658643031	中山市沙溪工业大道 19 号，53697282	工行沙溪支行	21683	440166208268039
广东曼琪纺织有限公司	21629413054	佛山顺德区南国中路 64 号，83682585	建行南国支行	16063	440305307268034
广东嘉意纺织机械有限公司	12934783058	广州市东晓南路 18 号，88396432	工行东晓支行	02059	440106835227028
广东耐永包装材料有限公司	61653474057	中山沙溪工业大道 32 号，76315833	中行沙溪支行	25056	440166837468021
中山新文电器有限公司	61682674892	中山沙溪建设路 135 号，76383127	工行沙溪支行	21683	440162307267034
中山福乐大酒店有限公司	61722933067	中山市博爱路 188 号，88815566	工行博爱支行	21024	440161705268028

（3）企业客户资料

企业客户资料见表 4-2。

表 4-2　企业客户资料

名称	开户账号	地址、电话	开户银行	行号	纳税人识别号
广东千秋服饰有限公司	11634153054	广州市花城大道 72 号，56637584	工行花城支行	02496	440105564568023
广东秋实服饰有限公司	31676243355	佛山市福贤路 136 号，68682747	中行福贤支行	12532	440303443268027
广东万邦服饰有限公司	13657443035	广州市临江大道 9 号，87697282	建行临江支行	15032	440106208235036
广东千姿服饰有限公司	42934783058	珠海市石花西路 12 号，88396432	工行石花支行	32059	440506835254026
广东祥美服饰有限公司	61722683058	中山市沙溪工业大道 126 号，76315542	中行沙溪支行	25056	440166835268026

2. 期初余额

1）广东博洋服饰有限公司 2013 年 8 月 31 日总分类账户期末余额见表 4-3。

表 4-3　总分类账户期末余额

2013 年 8 月 31 日　　单位：元

账户名称	借方余额	账户名称	贷方余额
库存现金	6 800.00	短期借款	1 061 600.00
银行存款	591 662.00	应付账款	907 600.00
其他货币资金	414 600.00	应付票据	200 000.00
交易性金融资产	607 800.00	预收账款	102 800.00
应收票据	132 000.00	应付股利	64 431.70
应收账款	500 000.00	应付职工薪酬	35 000.00
预付账款	100 000.00	应交税费	53 462.00
其他应收款	10 000.00	其他应付款	25 000.00
在途物资	20 792.00	坏账准备	2 500.00
原材料	64 840.00	累计折旧	347 500.00
周转材料	18 900.00	累计摊销	80 000.00
生产成本	40 820.00	长期借款	2 320 000.00
库存商品	120 000.00	实收资本	1 840 000.00
发出商品	0	资本公积	1 400 000.00
长期股权投资	500 000.00	盈余公积	750 292.80
固定资产	5 762 000.00	利润分配	436 027.50
在建工程	456 000.00	本年利润	0
工程物资	60 000.00		
无形资产	220 000.00		
合计	9 626 214.00	合计	9 626 214.00

2）广东博洋服饰有限公司 2013 年 8 月 31 日期末在产品情况见表 4-4。

表 4-4　期末在产品情况

2013 年 8 月 31 日

在产品品名	单位	在产品数量	完工程度 / %
西服	件	80	50
针织衫	件	160	50
衬衫	件	150	50
风衣	件	120	50
合计	—	—	—

3）广东博洋服饰有限公司 2013 年 8 月 31 日期末产成品情况见表 4-5。

表 4-5　期末产成品情况

2013 年 8 月 31 日　　单位：元

产成品品名	单位	产成品数量	单位成本	产成品金额
西服	件	200	200.00	40 000.00
针织衫	件	300	100.00	30 000.00
衬衫	件	350	50.00	17 500.00
风衣	件	250	130.00	32 500.00
合计	—	—	—	120 000.00

4）广东博洋服饰有限公司 2013 年 8 月 31 日原材料、生产成本（基本生产成本）各明细账户期末余额见表 4-6 和表 4-7。

表 4-6　原材料各明细账户余额

2013 年 8 月 31 日　　单位：元

明细账户	单位	数量	单价	金额
毛料	米	480	32.00	15 360.00
棉布	米	1260	12.00	15 120.00
锦纶	米	960	8.00	7 680.00
腈纶	米	820	14.00	11 480.00
亚麻	米	600	16.00	9 600.00
涤纶	米	560	10.00	5 600.00
合计	—	—	—	64 840.00

表 4-7　生产成本（基本生产成本）各明细账户余额

2013 年 8 月 31 日　　单位：元

明细账户	直接材料	直接人工	电费	水费	制造费用	合计
西服	8 320.00	2 400.00	800.00	36.00	1 164.00	12 720.00
针织衫	7 360.00	2 400.00	800.00	39.00	1 241.00	11 840.00
衬衫	3 600.00	1 200.00	300.00	14.00	586.00	5 700.00
风衣	6 240.00	2 400.00	720.00	33.00	1 167.00	10 560.00
合计	25 520.00	8 400.00	2 620.00	122.00	4 158.00	40 820.00

3. 预留银行印鉴

预留银行印鉴同图 1-1。

五、经济业务

1）2013 年 9 月 1 日，填写银行本票申请书，向开户行申请签发银行本票，收款人为广东曼琪纺织有限公司，金额为 76 000 元。银行本票申请书存根联见图 4-1。

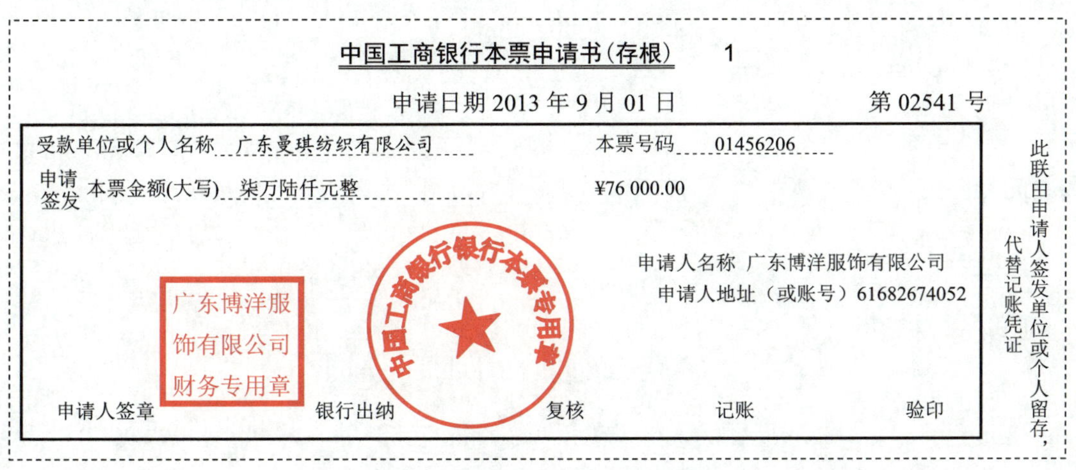

中国工商银行本票申请书（存根）　1

申请日期 2013 年 9 月 01 日　　第 02541 号

受款单位或个人名称　广东曼琪纺织有限公司　　本票号码　01456206

申请签发　本票金额(大写)　柒万陆仟元整　　¥76 000.00

申请人名称　广东博洋服饰有限公司

申请人地址（或账号）61682674052

广东博洋服饰有限公司财务专用章

中国工商银行银行本票专用章

申请人签章　银行出纳　复核　记账　验印

此联由申请人签发单位或个人留存，代替记账凭证

图 4-1　银行本票申请书存根联

2）2013 年 9 月 1 日，向广东曼琪纺织有限公司购买布料一批，收到增值税专用发票，见图 4-2，款项以银行本票支付，布料尚未收到。另附收据一张，见图 4-3。

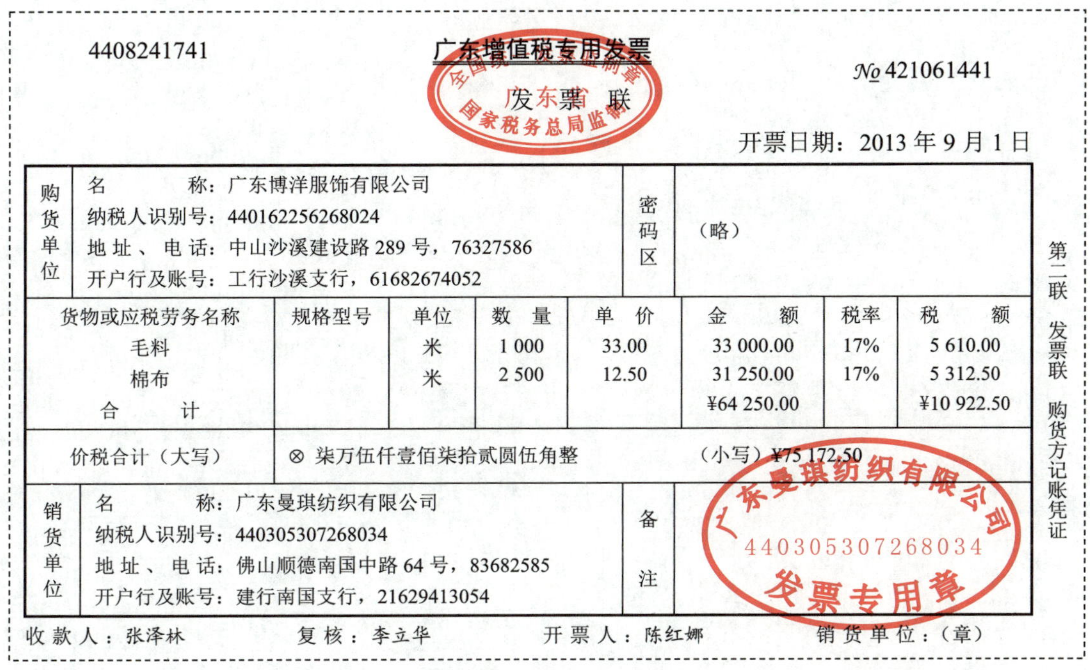

4408241741　　**广东增值税专用发票**　　№ 421061441

发票联

开票日期：2013 年 9 月 1 日

购货单位	名　　称：广东博洋服饰有限公司 纳税人识别号：440162256268024 地址、电话：中山沙溪建设路 289 号，76327586 开户行及账号：工行沙溪支行，61682674052					密码区	（略）
货物或应税劳务名称	规格型号	单位	数量	单价	金额	税率	税额
毛料		米	1 000	33.00	33 000.00	17%	5 610.00
棉布		米	2 500	12.50	31 250.00	17%	5 312.50
合　计					¥64 250.00		¥10 922.50
价税合计（大写）	⊗ 柒万伍仟壹佰柒拾贰圆伍角整				（小写）¥75 172.50		
销货单位	名　　称：广东曼琪纺织有限公司 纳税人识别号：440305307268034 地址、电话：佛山顺德南国中路 64 号，83682585 开户行及账号：建行南国支行，21629413054					备注	

收款人：张泽林　　复核：李立华　　开票人：陈红娜　　销货单位：（章）

第二联　发票联　购货方记账凭证

图 4-2　增值税专用发票

收　据　　№ 0001341

2013 年 9 月 1 日

今收到　广东博洋服饰有限公司交来的银行本票一张。

金额（大写）：零拾柒万陆仟零佰零拾零元零角零分（¥76 000.00）

会计主管：陈莉　　复核：李立华　　收款人：张泽林　　单位盖章

第一联　交付款人

图 4-3　收据

3）2013 年 9 月 2 日，向广东曼琪纺织有限公司购买的毛料、棉布到达，验收合格入库。收料单见图 4-4。

收　料　单

2013 年 9 月 2 日　　收字第 01401 号

材料名称	规格型号	单位	应收数量	实收数量	金额/元
毛料		米	1 000	1 000	33 000.00
棉布		米	2 500	2 500	31 250.00

仓库主管：陈德明　　验收：李怡华　　收料：朱永材

图 4-4　收料单

4）2013 年 9 月 2 日，向广东祥丰布业有限公司采购布料一批，收到增值税专用发票，见图 4-5，款项已付，布料尚未收到。另附电汇凭证（回单），见图 4-6。

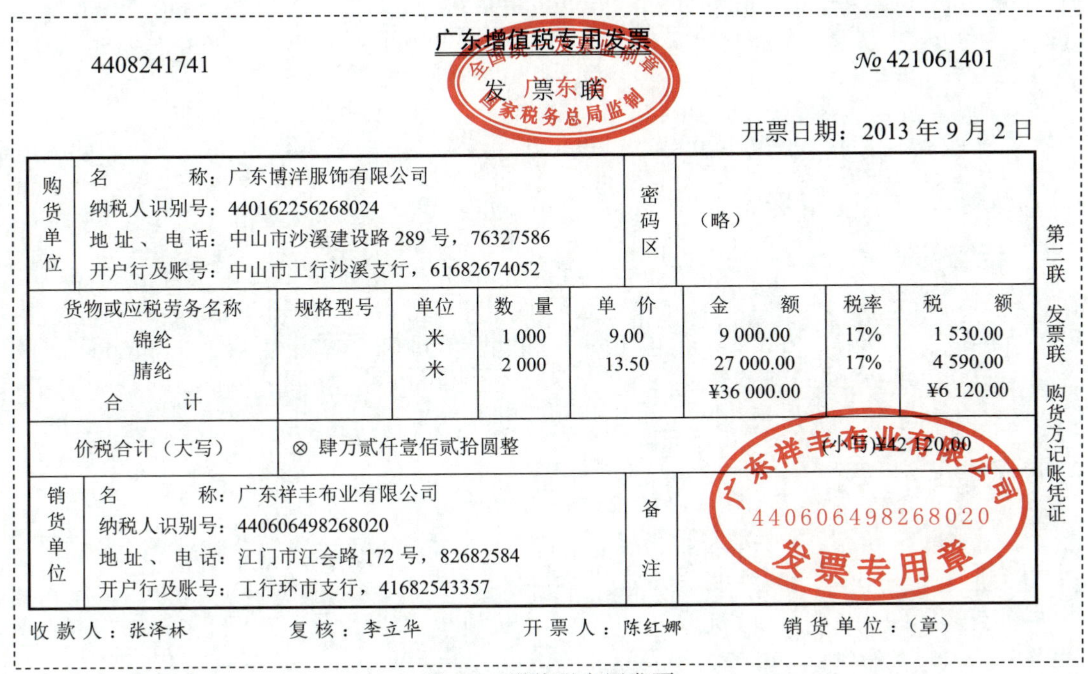

广东增值税专用发票

4408241741 №421061401

发 票 联

开票日期：2013 年 9 月 2 日

购货单位	名　　称：广东博洋服饰有限公司 纳税人识别号：440162256268024 地 址 、电 话：中山市沙溪建设路 289 号，76327586 开户行及账号：中山市工行沙溪支行，61682674052				密码区	（略）	
货物或应税劳务名称	规格型号	单位	数 量	单 价	金 额	税率	税 额
锦纶		米	1 000	9.00	9 000.00	17%	1 530.00
腈纶		米	2 000	13.50	27 000.00	17%	4 590.00
合　计					¥36 000.00		¥6 120.00
价税合计（大写）	⊗ 肆万贰仟壹佰贰拾圆整				（小写）¥42 120.00		
销货单位	名　　称：广东祥丰布业有限公司 纳税人识别号：440606498268020 地 址 、电 话：江门市江会路 172 号，82682584 开户行及账号：工行环市支行，41682543357				备注		

收 款 人：张泽林　　复 核：李立华　　开 票 人：陈红娜　　销 货 单 位：（章）

第二联 发票联 购货方记账凭证

图 4-5 增值税专用发票

电 汇 凭 证（回单）　1　№006890401

第　　号　　委托日期　　年　月　日

汇款人	全 称				收款人	全 称			
	账 号 或住址					账 号 或住址			
	汇 出 地 点		汇出行 名 称			汇 入 地 点		汇入行 名 称	
金额	人民币 （大写）					千 百 十 万 千 百 十 元 角 分			
汇款用途：									
上列款项已根据委托办理，如需查询，请持此回单来行面谈						（汇出行盖章）			

此联汇出行给汇款人的回单

图 4-6 电汇凭证（回单）

5）2013 年 9 月 3 日，收到广东曼琪纺织有限公司退回的银行本票多余款。转账支票和银行进账单见图 4-7 和图 4-8。

中国建设银行支票（粤） GS 04030401

付款期限自出票之日起十天

出票日期（大写）贰零壹叁 年 玖 月 零叁 日 付款行名称：建行南国支行

收款人：广东博洋服饰有限公司 出票人账号：21629413054

人民币（大写）	捌佰贰拾柒元伍角整	千	百	十	万	千	百	十	元	角	分
						¥	8	2	7	5	0

用途 支付银行本票余款

上列款项请从

我账户内支付

出票人签章 广东曼琪纺织有限公司财务专用章 廖琪燕

密码

行号

复核 记账

附加信息：	被背书人	被背书人
	背书人签章 年 月 日	背书人签章 年 月 日

图 4-7 转账支票

中国工商银行进账单（回 单） 1

年 月 日

出票人	全 称		收款人	全 称	
	账 号			账 号	
	开户银行			开户银行	
金额	人民币(大写)		亿 千 百 十 万 千 百 十 元 角 分		
票据种类		票据张数			
票据号码					
复核	记账		开户银行盖章		

此联是开户银行交给持（出）票人的回单

图 4-8 银行进账单

6）2013 年 9 月 3 日，向广东祥丰布业有限公司购买的锦纶、腈纶到达，验收合格入库。收料单见图 4-9。

收　料　单

2013 年 9 月 3 日　　　　收字第 01402 号

材料名称	规格型号	单位	应收数量	实收数量	金额/元
锦纶		米	1 000	1 000	9 000.00
腈纶		米	2 000	2 000	27 000.00

仓库主管：陈德明　　验收：李怡华　　收料：朱永材

图 4-9　收料单

7）2013 年 9 月 3 日，领用材料，投入 500 件西服生产。领料单见图 4-10。

领　料　单

用途：生产西服　　2013 年 9 月 3 日　　领字第 00241 号

材料名称	规格型号	单位	请领数量	实发数量	金额/元
毛料		米	1 000	1 000	
棉布		米	1 000	1 000	
锦纶		米	1 000	1 000	

仓库主管：陈德明　　复核：杨欣梅　　发料：朱永材　　制单：梁芳

图 4-10　领料单

8）2013 年 9 月 3 日，根据合同向广东千秋服饰有限公司销售西服 200 件，单价为 360 元，针织衫 250 件，单价为 160 元，开出增值税专用发票，见图 4-11，款项已收到。另附转账支票、银行进账单、产品出库单、见图 4-12～图 4-14。

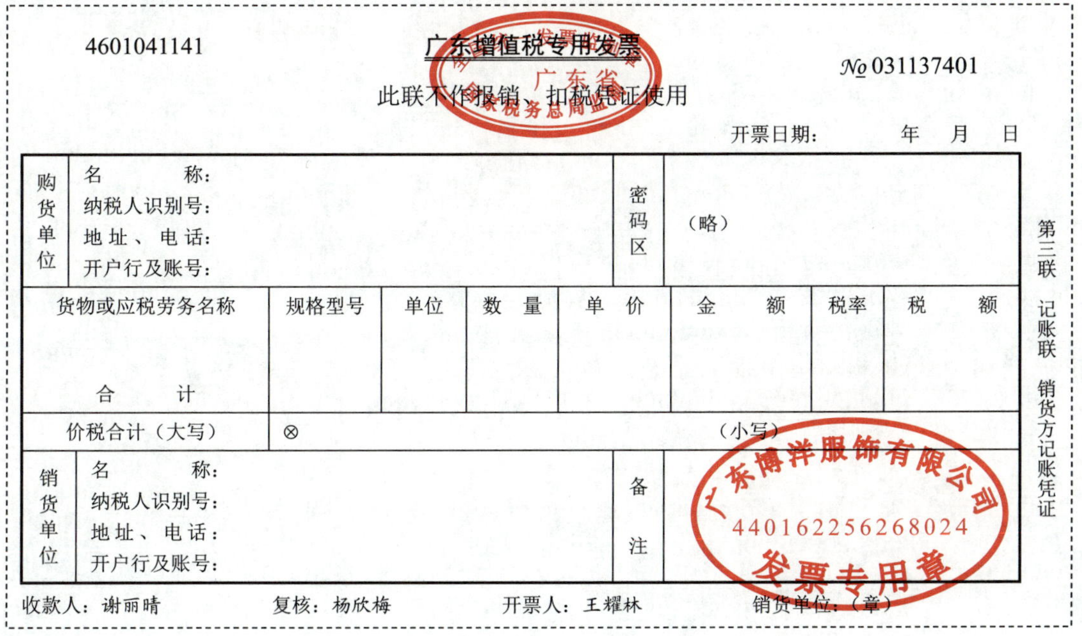

4601041141

广东增值税专用发票

№ 031137401

此联不作报销、扣税凭证使用

开票日期：　年　月　日

购货单位	名　称： 纳税人识别号： 地 址 、电 话： 开户行及账号：	密码区	（略）

货物或应税劳务名称	规格型号	单位	数　量	单　价	金　额	税率	税　额
合　计							
价税合计（大写）	⊗			（小写）			

销货单位	名　称： 纳税人识别号： 地 址 、电 话： 开户行及账号：	备注	

第三联　记账联　销货方记账凭证

收款人：谢丽晴　　复核：杨欣梅　　开票人：王耀林　　销货单位：（章）

图 4-11　增值税专用发票

中国工商银行支票（粤） GS 13853041

付款期限自出票之日起十天

出票日期（大写）贰零壹叁 年 玖 月 零叁 日　　付款行名称：工行花城支行

收款人：广东博洋服饰有限公司　　出票人账号：11634153054

人民币（大写）	千	百	十	万	千	百	十	元	角	分
壹拾叁万壹仟零肆拾元整		¥	1	3	1	0	4	0	0	0

用途 支付货款　　密码

上列款项请从　　行号

我账户内支付

出票人签章　广东千秋服饰有限公司财务专用章　范锐德　　复核　　记账

附加信息：	被背书人	被背书人
	背书人签章 年 月 日	背书人签章 年 月 日

图 4-12 转账支票

中国工商银行进账单（回单） 1

年 月 日

出票人	全称		收款人	全称	
	账号			账号	
	开户银行			开户银行	

金额	人民币（大写）	亿	千	百	十	万	千	百	十	元	角	分

票据种类		票据张数	
票据号码			
复核　　记账			开户银行盖章

此联是开户银行交给持（出）票人的回单

图 4-13 银行进账单

产品出库单

2013 年 9 月 3 日　　第 3441 号

产品名称	规格	型号	单位	数量	单位成本 / 元	金额 / 元
西服			件	200		
针织衫			件	250		

仓库主管：陈德明　　复核：杨欣梅　　发货：朱永材　　制单：梁芳

图 4-14 产品出库单

9）2013 年 9 月 4 日，领用材料，投入 1 000 件针织衫生产。领料单见图 4-15。

领　料　单

用途：生产针织衫　　　　2013 年 9 月 4 日　　　　领字第 00242 号

材料名称	规格型号	单位	请领数量	实发数量	金额 / 元
腈纶		米	2 000	2 000	
棉布		米	1 500	1 500	

仓库主管：陈德明　　复核：杨欣梅　　发料：朱永材　　制单：梁芳

图 4-15　领料单

10）2013 年 9 月 5 日，向广东伟奇布业有限公司购买棉布 1 000 米，亚麻 1 600 米，款项已付，材料已验收入库。增值税专用发票、支票和收料单见图 4-16～图 4-18。

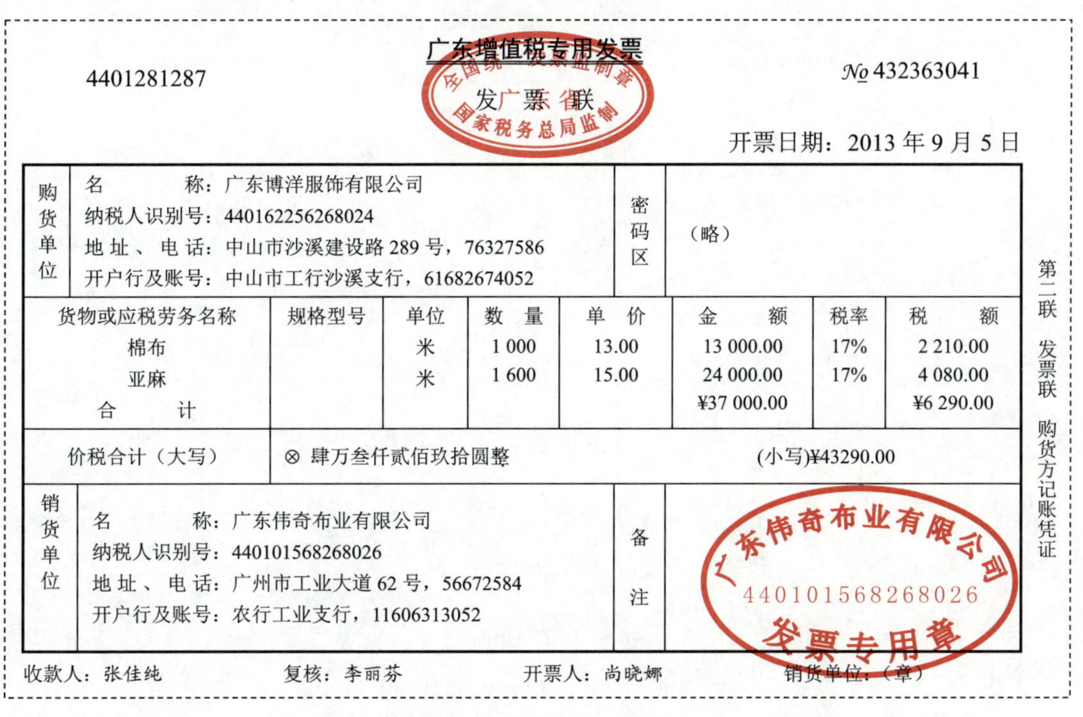

广东增值税专用发票

4401281287　　　　发　票　联　　　　№ 432363041

（印章：全国统一发票监制章　广东省　国家税务总局监制）

开票日期：2013 年 9 月 5 日

购货单位	名　　称：广东博洋服饰有限公司 纳税人识别号：440162256268024 地 址 、电 话：中山市沙溪建设路 289 号，76327586 开户行及账号：中山市工行沙溪支行，61682674052	密码区	（略）

货物或应税劳务名称	规格型号	单位	数　量	单　价	金　　额	税率	税　　额
棉布		米	1 000	13.00	13 000.00	17%	2 210.00
亚麻		米	1 600	15.00	24 000.00	17%	4 080.00
合　　计					¥37 000.00		¥6 290.00
价税合计（大写）	⊗ 肆万叁仟贰佰玖拾圆整				(小写)¥43290.00		

销货单位	名　　称：广东伟奇布业有限公司 纳税人识别号：440101568268026 地 址 、电 话：广州市工业大道 62 号，56672584 开户行及账号：农行工业支行，11606313052	备注	（印章：广东伟奇布业有限公司 440101568268026 发票专用章）

收款人：张佳纯　　复核：李丽芬　　开票人：尚晓娜　　销货单位：（章）

第二联　发票联　购货方记账凭证

图 4-16　增值税专用发票

中国工商银行支票存根（粤）
GS 02034041
附加信息

出票日期 年 月 日

收款人：
金 额：
用 途：

单位主管 会计

付款期限自出票之日起十天

中国工商银行支票（粤） GS 02034041

出票日期（大写） 年 月 日 付款行名称：

收款人： 出票人账号：

人民币 (大 写)	千	百	十	万	千	百	十	元	角	分

用 途 密 码

上 列 款 项 请 从 行 号

我账户内支付

出票人签章

广东博洋服饰有限公司财务专用章　李润华

复核 记账

附加信息：	被背书人	被背书人
	背书人签章 年 月 日	背书人签章 年 月 日

（粘贴单处）

根据《中华人民共和国票据法》等法律法规的规定，签发空头支票由中国人民银行处以票面金额 5%但不低于 1 000 元的罚款。

图 4-17 支票

收 料 单

2013 年 9 月 5 日 收字第 01403 号

材料名称	规格型号	单位	应收数量	实收数量	金额/元
棉布		米	1 000	1 000	13 000.00
亚麻		米	1 600	1 600	24 000.00

仓库主管：陈德明 验收：李怡华 收料：朱永材

图 4-18 收料单

11）2013 年 9 月 7 日，向广东祥丰布业有限公司采购布料一批，收到增值税专用发票，以商业承兑汇票支付，布料尚未收到。增值税专用发票和商业承兑汇票见图 4-19 和图 4-20。

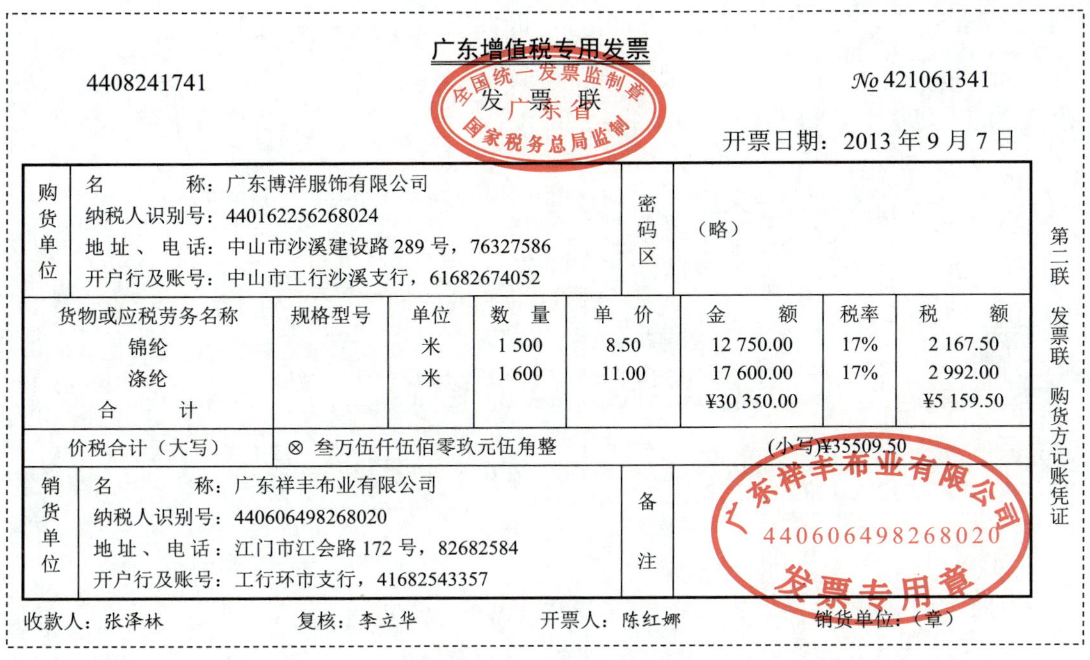

广东增值税专用发票

4408241741　　　　发 票 联　　　　№ 421061341

开票日期：2013 年 9 月 7 日

购货单位	名　称：广东博洋服饰有限公司 纳税人识别号：440162256268024 地址、电话：中山市沙溪建设路 289 号，76327586 开户行及账号：中山市工行沙溪支行，61682674052				密码区	（略）	
货物或应税劳务名称	规格型号	单位	数量	单价	金额	税率	税额
锦纶		米	1 500	8.50	12 750.00	17%	2 167.50
涤纶		米	1 600	11.00	17 600.00	17%	2 992.00
合　计					¥30 350.00		¥5 159.50
价税合计（大写）	⊗ 叁万伍仟伍佰零玖元伍角整				（小写）¥35509.50		
销货单位	名　称：广东祥丰布业有限公司 纳税人识别号：440606498268020 地址、电话：江门市江会路 172 号，82682584 开户行及账号：工行环市支行，41682543357				备注		

收款人：张泽林　　复核：李立华　　开票人：陈红娜　　销货单位：（章）

第二联 发票联 购货方记账凭证

图 4-19　增值税专用发票

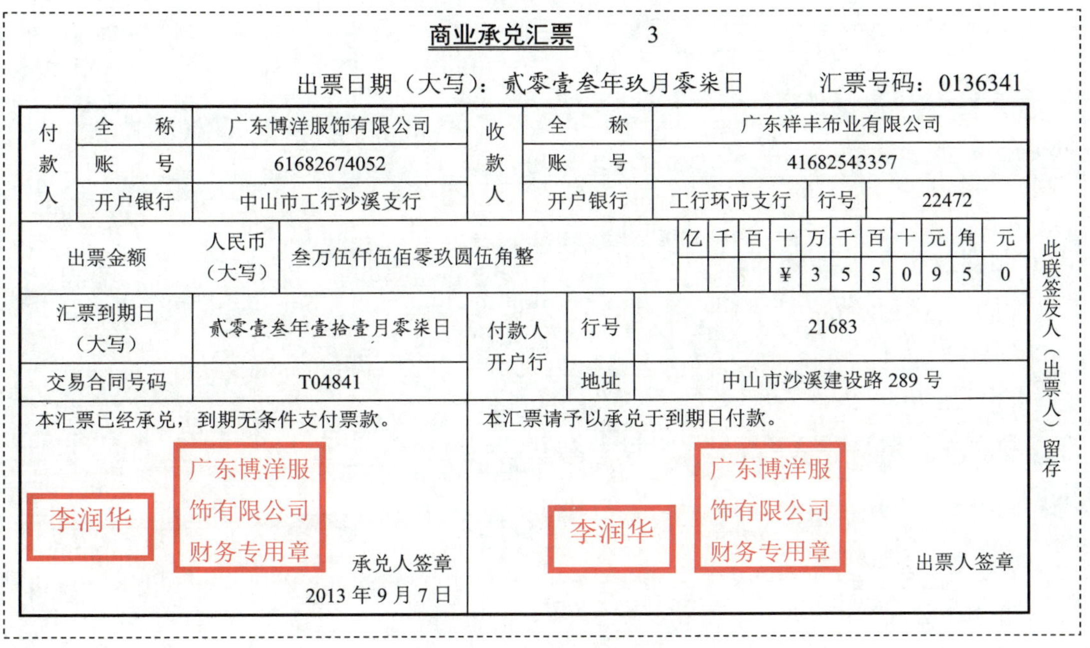

商业承兑汇票　　3

出票日期（大写）：贰零壹叁年玖月零柒日　　　汇票号码：0136341

付款人	全称	广东博洋服饰有限公司	收款人	全称	广东祥丰布业有限公司		
	账号	61682674052		账号	41682543357		
	开户银行	中山市工行沙溪支行		开户银行	工行环市支行	行号	22472

出票金额	人民币（大写）	叁万伍仟伍佰零玖圆伍角整	亿	千	百	十	万	千	百	十	元	角	元
						¥	3	5	5	0	9	5	0

汇票到期日（大写）	贰零壹叁年壹拾壹月零柒日	付款人开户行	行号	21683
交易合同号码	T04841		地址	中山市沙溪建设路 289 号
本汇票已经承兑，到期无条件支付票款。 承兑人签章 2013 年 9 月 7 日		本汇票请予以承兑于到期日付款。 出票人签章		

此联签发人（出票人）留存

图 4-20　商业承兑汇票

12）2013 年 9 月 8 日，向广东祥丰布业有限公司购买的锦纶、涤纶收到，验收合格入库。收料单见图 4-21。

收　料　单

2013 年 9 月 8 日　　　　收字第 01404 号

材料名称	规格型号	单位	应收数量	实收数量	金额/元
锦纶		米	1 500	1 500	12 750.00
涤纶		米	1 600	1 600	17 600.00

仓库主管：陈德明　　　　验收：李怡华　　　　收料：朱永材

图 4-21　收料单

13）2013 年 9 月 8 日，根据合同向广东秋实服饰有限公司销售衬衫 300 件，单价为 90 元，风衣 250 件，单价为 200 元，开出增值税专用发票，见图 4-22，款项已收妥。另附电汇凭证（收账通知）和产品出库单，见图 4-23 和图 4-24。Y

4601041141　　　　**广东增值税专用发票**　　　　№ 031137402

此联不作报销、扣税凭证使用

（印章：全国统一发票监制章 广东省 国家税务总局监制）

开票日期：　　年　月　日

购货单位	名　称： 纳税人识别号： 地址、电话： 开户行及账号：			密码区	（略）		
货物或应税劳务名称	规格型号	单位	数　量	单　价	金　额	税率	税　额
合　计							
价税合计（大写）	⊗				（小写）		
销货单位	名　称： 纳税人识别号： 地址、电话： 开户行及账号：			备注			

第三联　记账联　销货方记账凭证

（印章：广东南洋服饰有限公司 440162256268024 发票专用章）

收款人：谢丽晴　　复核：杨欣梅　　开票人：王耀林　　销货单位：（章）

图 4-22　增值税专用发票

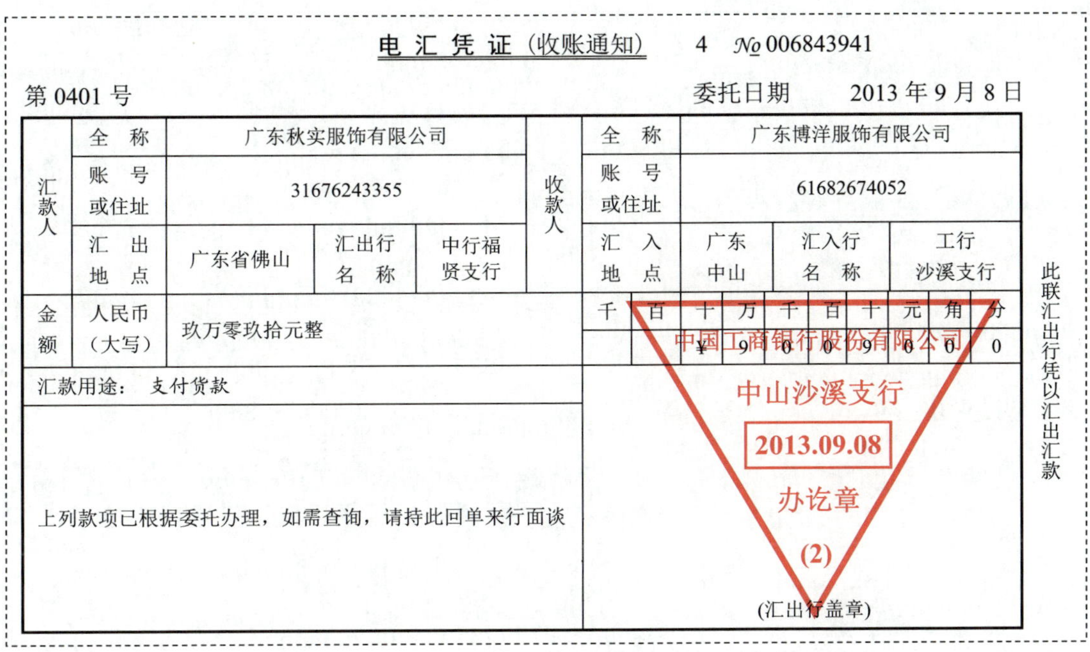

电汇凭证（收账通知） 4 №006843941

第0401号 委托日期 2013年9月8日

汇款人				收款人				
汇款人	全　称	广东秋实服饰有限公司		收款人	全　称	广东博洋服饰有限公司		
	账　号 或住址	31676243355			账　号 或住址	61682674052		
	汇　出 地　点	广东省佛山	汇出行 名　称	中行福贤支行	汇　入 地　点	广东中山	汇入行 名　称	工行沙溪支行

金额	人民币（大写）	玖万零玖拾元整	千	百	十	万	千	百	十	元	角	分
					¥	9	0	0	9	0	0	0

汇款用途：支付货款

上列款项已根据委托办理，如需查询，请持此回单来行面谈

中国工商银行股份有限公司 中山沙溪支行 2013.09.08 办讫章 (2)

（汇出行盖章）

此联汇出行凭以汇出汇款

图4-23 电汇凭证（收账通知）

产品出库单

2013年9月8日 第3442号

产品名称	规格	型号	单位	数量	单位成本	金额/元
衬衫			件	300		
风衣			件	250		

仓库主管：陈德明 复核：杨欣梅 发货：朱永材 制单：梁芳

图4-24 产品出库单

14）2013年9月10日，领用材料，投入1 000件衬衫、800件风衣生产。领料单分别见图4-25和图4-26。

领 料 单

用途：生产衬衫 2013年9月10日 领字第00243号

材料名称	规格型号	单位	请领数量	实发数量	金额/元
锦纶		米	1 500	1 500	
棉布		米	1 000	1 000	

仓库主管：陈德明 复核：杨欣梅 发料：朱永材 制单：梁芳

图4-25 领料单（一）

领　料　单

用途：生产风衣　　　　2013 年 9 月 10 日　　　　领字第 00244 号

材料名称	规格型号	单位	请领数量	实发数量	金额/元
亚麻		米	1 600	1 600	
涤纶		米	1 600	1 600	

仓库主管：陈德明　　复核：杨欣梅　　发料：朱永材　　制单：梁芳

图 4-26　领料单（二）

15）2013 年 9 月 12 日，向广东耐永包装材料有限公司购买包装纸箱 1 000 个，收到增值税专用发票，包装纸箱已验收入库，开出支票支付包装纸箱款。增值税专用发票、包装物入库单和支票见图 4-27～图 4-29。

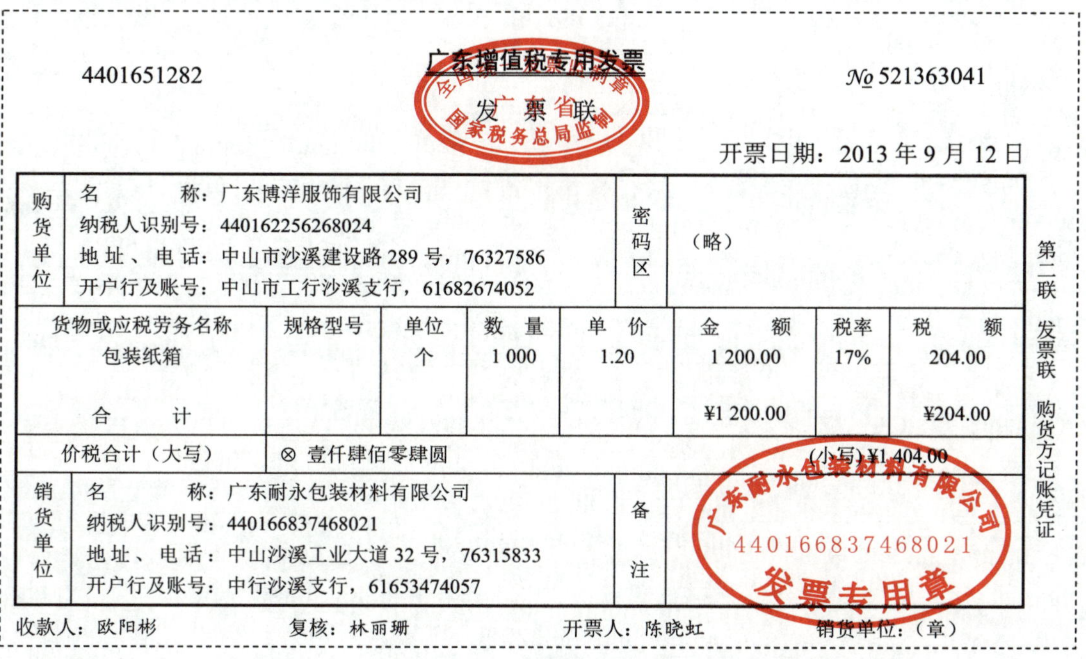

广东增值税专用发票

4401651282　　　　发　票　联　　　　№ 521363041

开票日期：2013 年 9 月 12 日

购货单位	名　　称：广东博洋服饰有限公司 纳税人识别号：440162256268024 地 址 、电 话：中山市沙溪建设路 289 号，76327586 开户行及账号：中山市工行沙溪支行，61682674052	密码区	（略）

货物或应税劳务名称	规格型号	单位	数　量	单　价	金　　额	税率	税　　额
包装纸箱		个	1 000	1.20	1 200.00	17%	204.00
合　　计					¥1 200.00		¥204.00
价税合计（大写）	⊗ 壹仟肆佰零肆圆				（小写）¥1 404.00		

销货单位	名　　称：广东耐永包装材料有限公司 纳税人识别号：440166837468021 地 址 、电 话：中山沙溪工业大道 32 号，76315833 开户行及账号：中行沙溪支行，61653474057	备注	

收款人：欧阳彬　　复核：林丽珊　　开票人：陈晓虹　　销货单位：（章）

第二联　发票联　购货方记账凭证

图 4-27　增值税专用发票

包装物入库单

2013 年 9 月 12 日　　　　收字第 02241 号

包装物名称	规格型号	单位	应收数量	实收数量	金额/元
包装纸箱		个	1 000	1 000	1 200.00

仓库主管：陈德明　　验收：李怡华　　收料：朱永材

图 4-28　包装物入库单

中国工商银行支票存根（粤）
GS 02034042
附加信息

出票日期　年　月　日

收款人：
金　额：
用　途：

单位主管　会计

付款期限自出票之日起十天

中国工商银行支票（粤）　GS 02034042
出票日期（大写）　年　月　日　付款行名称：
收款人：　出票人账号：

人民币（大写）	千	百	十	万	千	百	十	元	角	分

用途　密码
上列款项请从　行号
我账户内支付
出票人签章　广东博洋服饰有限公司财务专用章　李润华
复核　记账

附加信息：	被背书人	被背书人
	背书人签章 年　月　日	背书人签章 年　月　日

（粘贴单处）

根据《中华人民共和国票据法》等法律法规的规定，签发空头支票由中国人民银行处以票面金额5%但不低于1 000元的罚款。

图 4-29　支票

16）2013 年 9 月 14 日，车间在产品库领用包装纸箱。包装物出库单见图 4-30。

包装物出库单

用途：包装　2013 年 9 月 14 日　领字第 2241 号

名称及规格	单位	请领数量	实发数量	单价/元	金额/元
包装纸箱	个	800	800	1.20	960.00

仓库主管：陈德明　复核：杨欣梅　发料：朱永材　制单：梁芳

图 4-30　包装物出库单

17）2013 年 9 月 14 日，西服 520 件完工，验收合格入库。产成品入库单见图 4-31。

产成品入库单

2013 年 9 月 14 日　收字第 401 号

产品名称	规格型号	单位	应收数量	实收数量	金额/元
西服		件	520	520	

仓库主管：陈德明　复核：朱永材　验收：李怡华　制单：梁芳

图 4-31　产成品入库单

18）2013 年 9 月 15 日，针织衫 1 000 件完工，验收合格入库。产成品入库单见图 4-32。

产成品入库单

2013 年 9 月 15 日　　　　收字第 402 号

产品名称	规格型号	单位	应收数量	实收数量	金额/元
针织衫		件	1 000	1 000	

仓库主管：陈德明　　复核：朱永材　　验收：李怡华　　制单：梁芳

图 4-32　产成品入库单

19）2013 年 9 月 16 日，根据合同向广东万邦服饰有限公司销售西服 500 件，原价为 360 元，针织衫 800 件，单价为 160 元。考虑到销售量较大，给予 9.8 折优惠，开出增值税专用发票，见图 4-33，款项已收妥。另附托收凭证（收账通知）和产品出库单，见图 4-34 和图 4-35。

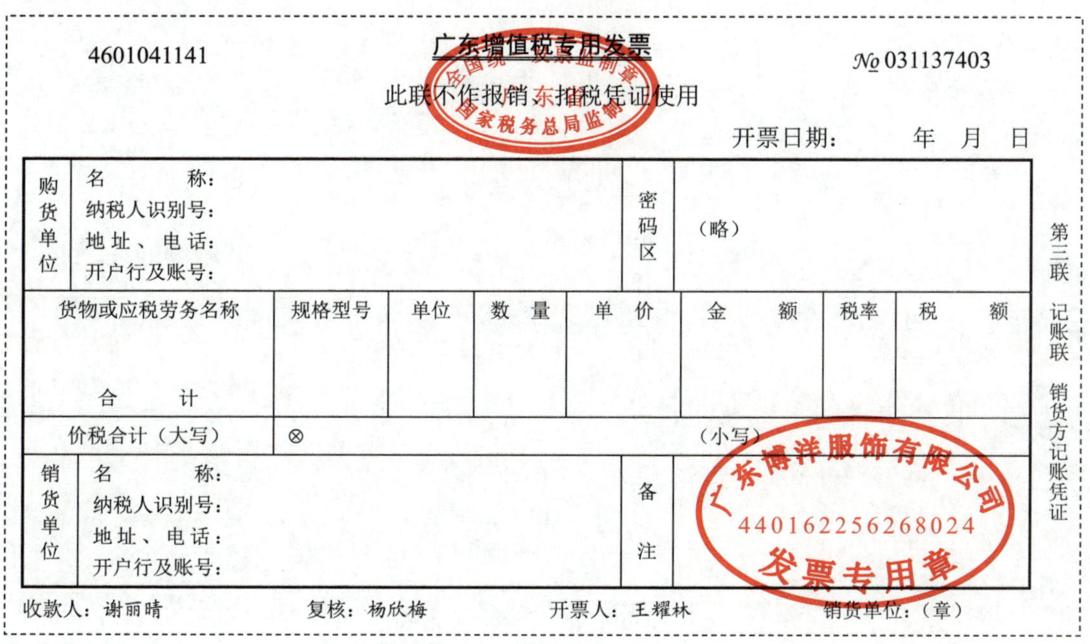

4601041141　　**广东增值税专用发票**　　№ 031137403

此联不作报销、扣税凭证使用

开票日期：　　年　月　日

购货单位	名　　称： 纳税人识别号： 地址、电话： 开户行及账号：				密码区	（略）		
货物或应税劳务名称	规格型号	单位	数　量	单　价	金　　额	税率	税　　额	
合　　计								
价税合计（大写）	⊗				（小写）			
销货单位	名　　称： 纳税人识别号： 地址、电话： 开户行及账号：				备注			

收款人：谢丽晴　　复核：杨欣梅　　开票人：王耀林　　销货单位：（章）

第三联　记账联　销货方记账凭证

图 4-33　增值税专用发票

托收凭证(收账通知) 4

付款期限 年 月 日

委托日期： 年 月 日

业务类型		委托收款（☐邮划、☐电划） 托收承付（☐邮划、☑电划）					
付款人	全 称			收款人	全 称		
	账 号				账 号		
	地 址	省 市县	开户行		地 址	省 市县	开户行
金额	人民币(大写)					亿 千 百 十 万 千 百 十 元 角 分	
款项内容		托收凭据名称			附寄单证张数		
商品发运情况					合同名称号码		
备注： 复核 记账		款项收妥日期： 年 月 日			收款人开户银行签章		

此联作收款人开户银行给收款人的收账通知

中国工商银行股份有限公司
中山沙溪支行
2013.09.16
办讫章
(4)

图 4-34 托收承付（收账通知）

产品出库单

2013 年 9 月 16 日 第 3443 号

产品名称	规格	型号	单位	数量	单位成本/元	金额/元
西服			件	500		
针织衫			件	800		

仓库主管：陈德明 复核：杨欣梅 发货：朱永材 制单：梁芳

图 4-35 产品出库单

20）2013 年 9 月 16 日，向广东伟奇布业有限公司购买毛料 900 米，棉布 2 700 米，亚麻 1 200 米，款项以银行承兑汇票支付。增值税专用发票和银行承兑汇票见图 4-36 和图 4-37。

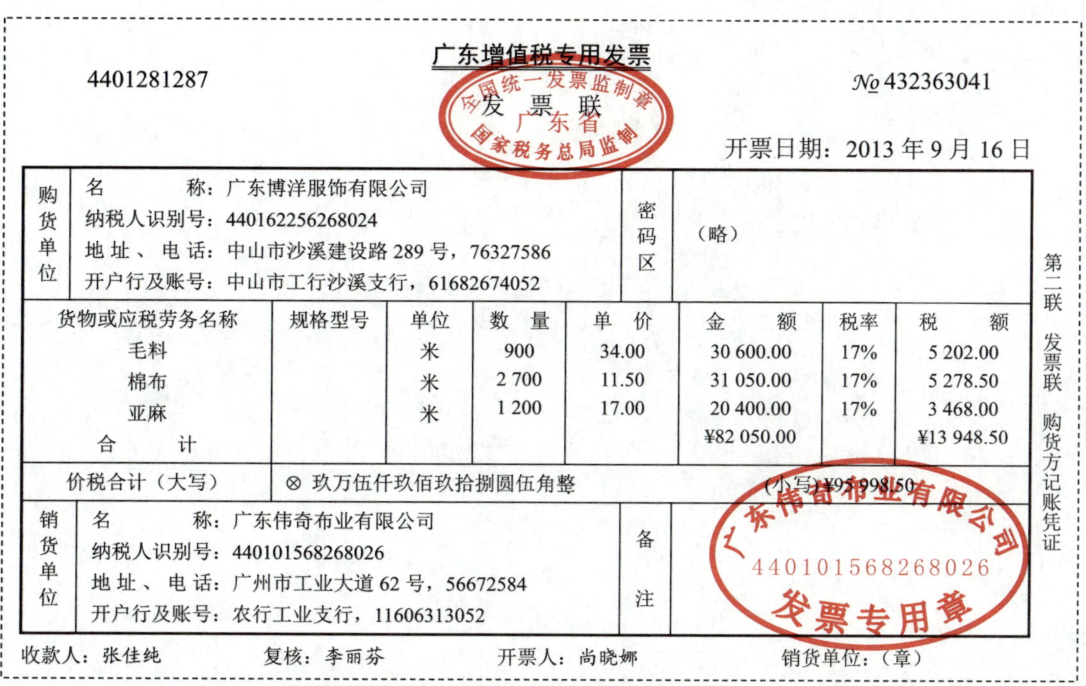

广东增值税专用发票

4401281287　　发票联　　№ 432363041

开票日期：2013 年 9 月 16 日

购货单位	名称：广东博洋服饰有限公司 纳税人识别号：440162256268024 地址、电话：中山市沙溪建设路 289 号，76327586 开户行及账号：中山市工行沙溪支行，61682674052	密码区	（略）

货物或应税劳务名称	规格型号	单位	数量	单价	金额	税率	税额
毛料		米	900	34.00	30 600.00	17%	5 202.00
棉布		米	2 700	11.50	31 050.00	17%	5 278.50
亚麻		米	1 200	17.00	20 400.00	17%	3 468.00
合计					¥82 050.00		¥13 948.50
价税合计（大写）	⊗ 玖万伍仟玖佰玖拾捌圆伍角整				（小写）¥95 998.50		

销货单位	名称：广东伟奇布业有限公司 纳税人识别号：440101568268026 地址、电话：广州市工业大道 62 号，56672584 开户行及账号：农行工业支行，11606313052	备注	

收款人：张佳纯　　复核：李丽芬　　开票人：尚晓娜　　销货单位：（章）

第二联 发票联 购货方记账凭证

图 4-36 增值税专用发票

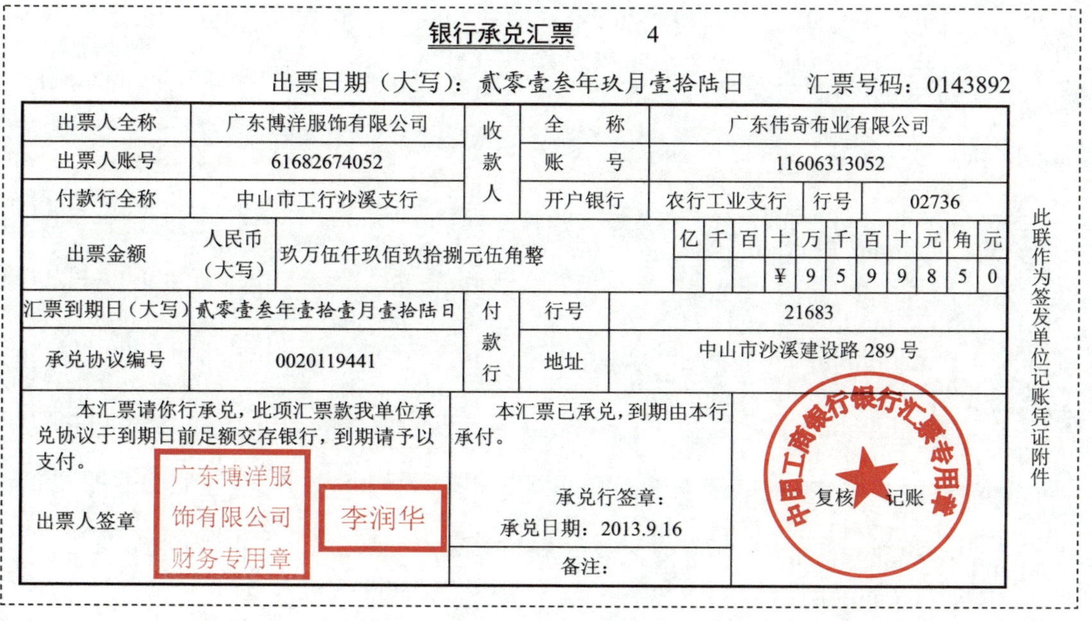

银行承兑汇票　　4

出票日期（大写）：贰零壹叁年玖月壹拾陆日　　汇票号码：0143892

出票人全称	广东博洋服饰有限公司	收款人	全称	广东伟奇布业有限公司	
出票人账号	61682674052		账号	11606313052	
付款行全称	中山市工行沙溪支行		开户银行	农行工业支行	行号 02736
出票金额	人民币（大写） 玖万伍仟玖佰玖拾捌元伍角整			亿千百十万千百十元角元：¥ 9 5 9 9 8 5 0	
汇票到期日（大写）	贰零壹叁年壹拾壹月壹拾陆日	付款行	行号	21683	
承兑协议编号	0020119441		地址	中山市沙溪建设路 289 号	
本汇票请你行承兑，此项汇票款我单位承兑协议于到期日前足额交存银行，到期请予以支付。 出票人签章		本汇票已承兑，到期由本行承付。 承兑行签章： 承兑日期：2013.9.16 备注：		复核　记账	

此联作为签发单位记账凭证附件

图 4-37 银行承兑汇票

21）2013 年 9 月 17 日，向广东伟奇布业有限公司购买的毛料、棉布和亚麻到达，验收合格入库。收料单见图 4-38。

22）2013 年 9 月 17 日，向广东祥丰布业有限公司采购布料一批，收到增值税专用发票，开出支票支付材料款，布料尚未收到。增值税专用发票和支票见图 4-39 和图 4-40。

收　料　单

2013 年 9 月 17 日　　　　收字第 01405 号

材料名称	规格型号	单位	应收数量	实收数量	金额/元
毛料		米	900	900	30 600.00
棉布		米	2 700	2 700	31 050.00
亚麻		米	1 200	1 200	20 400.00

仓库主管：陈德明　　　　验收：李怡华　　　　收料：朱永材

图 4-38　收料单

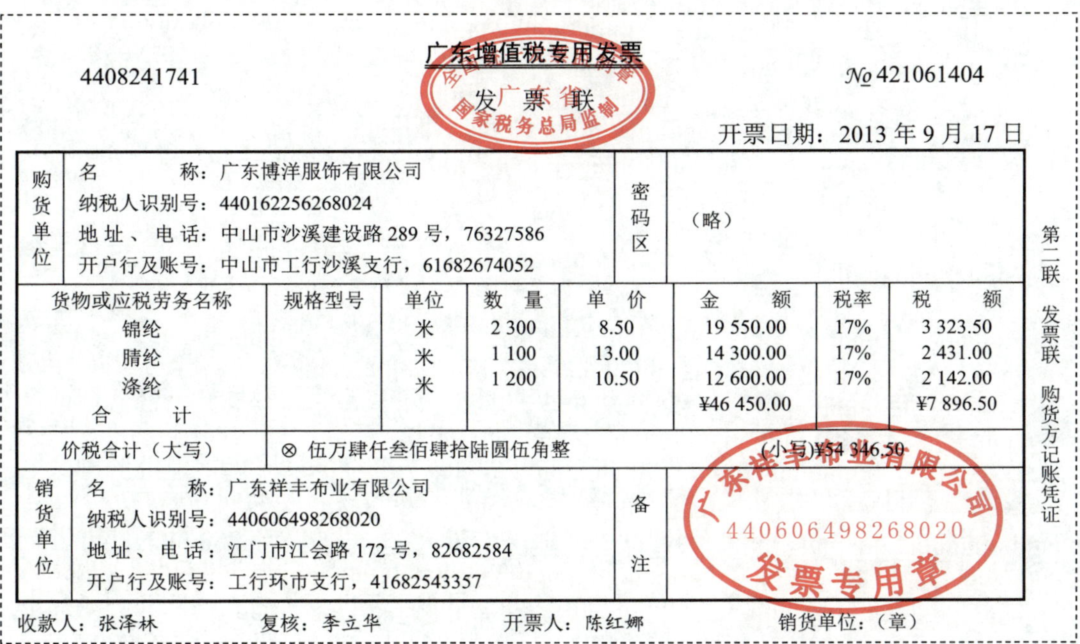

广东增值税专用发票

4408241741　　　　№ 421061404

发　票　联

开票日期：2013 年 9 月 17 日

购货单位	名　　称：广东博洋服饰有限公司 纳税人识别号：440162256268024 地 址 、电 话：中山市沙溪建设路 289 号，76327586 开户行及账号：中山市工行沙溪支行，61682674052	密码区	（略）

货物或应税劳务名称	规格型号	单位	数　量	单　价	金　额	税率	税　额
锦纶		米	2 300	8.50	19 550.00	17%	3 323.50
腈纶		米	1 100	13.00	14 300.00	17%	2 431.00
涤纶		米	1 200	10.50	12 600.00	17%	2 142.00
合　计					¥46 450.00		¥7 896.50
价税合计（大写）	⊗ 伍万肆仟叁佰肆拾陆圆伍角整				（小写）¥54 346.50		

销货单位	名　　称：广东祥丰布业有限公司 纳税人识别号：440606498268020 地 址 、电 话：江门市江会路 172 号，82682584 开户行及账号：工行环市支行，41682543357	备注	

收款人：张泽林　　复核：李立华　　开票人：陈红娜　　销货单位：（章）

第二联　发票联　购货方记账凭证

图 4-39　增值税专用发票

中国工商银行支票存根（粤）

GS 02034043

附加信息

出票日期 年 月 日

收款人：

金 额：

用 途：

单位主管 会计

中国工商银行支票（粤） GS 02034043

付款期限自出票之日起十天

出票日期（大写） 年 月 日 付款行名称：

收款人： 出票人账号：

人民币（大 写）	千	百	十	万	千	百	十	元	角	分

用途 密码

上列款项请从 行号

我账户内支付

出票人签章 广东博洋服饰有限公司财务专用章 李润华

复核 记账

附加信息：

被背书人

背书人签章

年 月 日

被背书人

背书人签章

年 月 日

（粘贴单处）

根据《中华人民共和国票据法》等法律法规的规定，签发空头支票由中国人民银行处以票面金额5%但不低于1 000元的罚款。

图4-40 支票

23）2013年9月18日，向广东祥丰布业有限公司购买的锦纶、腈纶与涤纶到达，验收入库，验收发现锦纶布短缺100米，原因待查。收料单见图4-41。

收 料 单

2013年9月18日 收字第01406号

材料名称	规格型号	单位	应收数量	实收数量	金额/元	备注
锦纶		米	2 300	2 200	18 700.00	锦纶短缺100米，原因待查（价值850元，进项税额144.5元）
腈纶		米	1 100	1 100	14 300.00	
涤纶		米	1 200	1 200	12 600.00	

仓库主管：陈德明 验收：李怡华 收料：朱永材

图4-41 收料单

24）2013年9月18日，领用材料，投入420件西服、560件针织衫生产。领料单分别见图4-42和图4-43。

领 料 单

用途：生产西服　　2013 年 9 月 18 日　　领字第 00245 号

材料名称	规格型号	单位	请领数量	实发数量	金额/元
毛料		米	840	840	
棉布		米	840	840	
锦纶		米	840	840	

仓库主管：陈德明　　复核：杨欣梅　　发料：朱永材　　制单：梁芳

图 4-42 领料单（一）

领 料 单

用途：生产针织衫　　2013 年 9 月 18 日　　领字第 00246 号

材料名称	规格型号	单位	请领数量	实发数量	金额/元
腈纶		米	1 120	1 120	
棉布		米	840	840	

仓库主管：陈德明　　复核：杨欣梅　　发料：朱永材　　制单：梁芳

图 4-43 领料单（二）

25）2013 年 9 月 19 日，衬衫 1 050 件完工，验收合格入库；风衣 800 件完工，经检验 790 件合格入库，另 10 件为可修复损失。产成品入库单见图 4-44。

产成品入库单

2013 年 9 月 19 日　　收字第 403 号

产品名称	规格型号	单位	应收数量	实收数量	备注
衬衫		件	1 050	1 050	10 件风衣为可修复损失
风衣		件	800	790	

仓库主管：陈德明　　复核：朱永材　　验收：李怡华　　制单：梁芳

图 4-44 产成品入库单

26）2013 年 9 月 19 日，经核实，9 月 18 日短缺的 100 米锦纶布系广东祥丰布业有限公司少发所致，当天收到广东祥丰公司补发的 100 米锦纶布，已验收入库。收料单见图 4-45。

收 料 单

2013 年 9 月 19 日　　收字第 01407 号

材料名称	规格型号	单位	应收数量	实收数量	金额/元	备注
锦纶		米	100	100	850.00	进项税额 144.5 元

仓库主管：陈德明　　验收：李怡华　　收料：朱永材

图 4-45 收料单

27）2013 年 9 月 19 日，领用材料，投入 10 件可修复风衣的修复。领料单见图 4-46。

领　料　单

用途：修复风衣　　　　2013 年 9 月 19 日　　　　领字第 00247 号

材料名称	规格型号	单位	请领数量	实发数量	金额/元
亚麻		米	10	10	

仓库主管：陈德明　　复核：杨欣梅　　发料：朱永材　　制单：梁芳

图 4-46　领料单

28）2013 年 9 月 20 日，领用材料，衬衫 950 件投入生产，风衣 580 件投入生产。领料单分别见图 4-47 和图 4-48。

领　料　单

用途：生产衬衫　　　　2013 年 9 月 20 日　　　　领字第 00248 号

材料名称	规格型号	单位	请领数量	实发数量	金额/元
锦纶		米	1 425	1 425	
棉布		米	950	950	

仓库主管：陈德明　　复核：杨欣梅　　发料：朱永材　　制单：梁芳

图 4-47　领料单（一）

领　料　单

用途：生产风衣　　　　2013 年 9 月 20 日　　　　领字第 00249 号

材料名称	规格型号	单位	请领数量	实发数量	金额/元
亚麻		米	1 160	1 160	
涤纶		米	1 160	1 160	

仓库主管：陈德明　　复核：杨欣梅　　发料：朱永材　　制单：梁芳

图 4-48　领料单（二）

29）2013 年 9 月 20 日，根据合同向广东千姿服饰有限公司销售衬衫 1 000 件，单价为 88 元，风衣 800 件，单价为 195 元，开出增值税专用发票，见图 4-49，款项未收。另附产品出库单，见图 4-50。

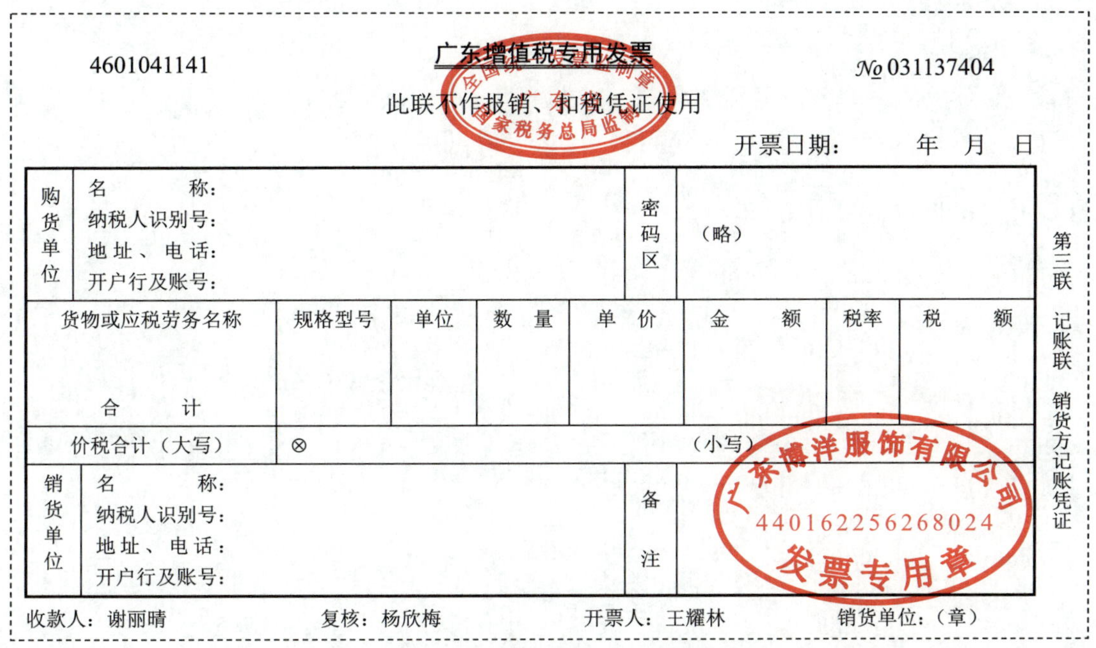

4601041141　　**广东增值税专用发票**　　№ 031137404

此联不作报销、扣税凭证使用

开票日期：　　年　月　日

购货单位	名　　称： 纳税人识别号： 地 址 、 电 话： 开户行及账号：				密码区	（略）		
货物或应税劳务名称	规格型号	单位	数　量	单　价	金　　额	税率	税　　额	
合　　计								
价税合计（大写）	⊗				（小写）			
销货单位	名　　称： 纳税人识别号： 地 址 、 电 话： 开户行及账号：				备注			

收款人：谢丽晴　　复核：杨欣梅　　开票人：王耀林　　销货单位：（章）

第三联　记账联　销货方记账凭证

广东博洋服饰有限公司 440162256268024 发票专用章

全国统一发票监制章 国家税务总局监制

图 4-49　增值税专用发票

产品出库单

2013 年 9 月 20 日　　第 3444 号

产品名称	规格	型号	单位	数量	单位成本/元	金额/元
衬衫			件	1 000		
风衣			件	800		

仓库主管：陈德明　　复核：杨欣梅　　发货：朱永材　　制单：梁芳

图 4-50　产品出库单

30）2013 年 9 月 21 日，风衣 10 件修复完工，验收合格入库。产成品入库单见图 4-51。

产成品入库单

2013 年 9 月 21 日　　收字第 404 号

产品名称	规格型号	单位	应收数量	实收数量	金额/元
风衣		件	10	10	

仓库主管：陈德明　　复核：朱永材　　验收：李怡华　　制单：梁芳

图 4-51　产成品入库单

31）2013 年 9 月 22 日，企业管理办公室领用包装纸箱。包装物出库单见图 4-52。

包装物出库单

用途：办公使用　　2013 年 9 月 22 日　　领字第 2401 号

名称及规格	单位	请领数量	实发数量	单价/元	金额/元
包装纸箱	个	100	100	1.20	120.00

仓库主管：陈德明　　复核：杨欣梅　　发料：朱永材　　制单：梁芳

图 4-52　包装物出库单

32）2013 年 9 月 23 日，企业仓库（指企业单独设置的，用于保管产成品和材料的仓库）领用包装纸箱。包装物出库单见图 4-53。

包装物出库单

用途：仓库使用　　2013 年 9 月 23 日　　领字第 2402 号

名称及规格	单位	请领数量	实发数量	单价/元	金额/元
包装纸箱	个	200	200	1.20	240.00

仓库主管：陈德明　　复核：杨欣梅　　发料：朱永材　　制单：梁芳

图 4-53　包装物出库单

33）2013 年 9 月 23 日，西服 380 件完工，验收合格入库。产成品入库单见图 4-54。

产成品入库单

2013 年 9 月 23 日　　收字第 405 号

产品名称	规格型号	单位	应收数量	实收数量	金额/元
西服		件	380	380	

仓库主管：陈德明　　复核：朱永材　　验收：李怡华　　制单：梁芳

图 4-54　产成品入库单

34）2013 年 9 月 24 日，针织衫 600 件完工，验收合格入库。产成品入库单见图 4-55。

产成品入库单

2013 年 9 月 24 日　　收字第 406 号

产品名称	规格型号	单位	应收数量	实收数量	金额/元
针织衫		件	600	600	

仓库主管：陈德明　　复核：朱永材　　验收：李怡华　　制单：梁芳

图 4-55　产成品入库单

35）2013 年 9 月 25 日，衬衫 850 件完工，验收合格入库。产成品入库单见图 4-56。

产成品入库单

2013 年 9 月 25 日　　收字第 407 号

产品名称	规格型号	单位	应收数量	实收数量	金额/元
衬衫		件	850	850	

仓库主管：陈德明　　复核：朱永材　　验收：李怡华　　制单：梁芳

图 4-56　产成品入库单

36）2013 年 9 月 25 日，企业仓库领用除湿器（列入低值易耗品，采用五五摊销法）6 台，每台 500 元。低值易耗品出库单和低值易耗品摊销计算表见图 4-57 和图 4-58。

低值易耗品出库单(财会联)

用途：仓库使用　　2013 年 9 月 25 日　　NO：10401

名称及规格	单位	请领数量	实发数量	单价/元	金额/元
除湿器	台	6	6	500.00	3 000.00

仓库主管：陈德明　　经手人：刘江华　　保管员：朱永材

图 4-57　低值易耗品出库单

低值易耗品摊销计算表

用途：仓库使用　　2013 年 9 月 25 日

名称及规格	单位	数量	待摊金额/元	本期摊销比例/%	摊销金额/元
除湿器	台	6	3 000.00	50	1 500.00

会计主管：陈永建　　会计：杨欣梅　　制表：谢丽晴

图 4-58　低值易耗品摊销计算表

37）2013 年 9 月 25 日，本月 20 日销售给广东千姿服饰有限公司的衬衫，其中有 5 件验收不合格，广东千姿服饰有限公司要求退货。经核查，公司同意退货，并办妥了相关手续，退回的衬衫已入库。销售退回审批单、开具红字增值税发票通知单、增值税专用发票和退回产品入库单见图 4-59～图 4-62。

销售退回审批单

2013 年 9 月 25 日

购买单位	广东千姿服饰有限公司		销售退回原因	其中 5 件衬衫不符合质量要求	
商品名称	销售时间	销售数量/件	价税金额/元	退回价款/元	增值税额/元
衬衫	2013.9.20	1 000	102 960.00	440.00	74.80
风衣	2013.9.20	800	182 520.00		
合计	—	—	¥285 480.00	¥440.00	¥74.80

会计主管：陈永建　　销售主管：王裕峰　　制表：梁芳

图 4-59　销售退回审批单

开具红字增值税专用发票通知单

填开日期：2013 年 9 月 25 日　　　　NO.0034543

销售方	名称	广东博洋服饰有限公司	购买方	名称	广东千姿服饰有限公司
	税务登记号	440162256268024		税务登记号	440506835254026
开具红字发票内容	货物名称	单价	数量	金额	税额
	衬衫	88.00	5	440.00	74.80
	合计			¥440.00	¥74.80
说明	需要作进项税额转出☑ 不需要作进项税额转出□ 纳税人识别号认证不符□ 专用发票代码、号码认证不符□ 对应蓝字专用发票密码区打印的代码 开具红字专用发票的理由： 其中 5 件衬衫不符合质量要求，提出退货要求，双方已达成退货协议。				珠海市国家税务局香洲分局 税务征收机关盖章

经办人：李晓莉　　　　负责人：林海峰　　　　主管税务机关（印章）：

图 4-60　开具红字增值税专用发票通知单

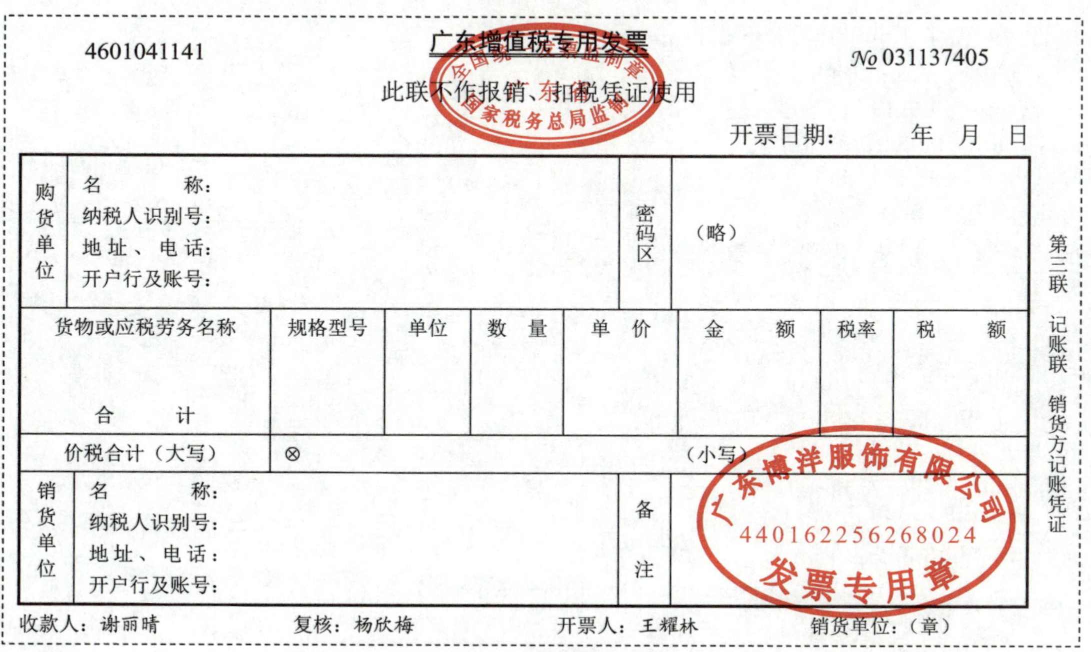

4601041141　　　　**广东增值税专用发票**　　　　№ 031137405

此联不作报销、扣税凭证使用

全国统一发票监制章 广东 国家税务总局监制

开票日期：　　年　月　日

购货单位	名　　称： 纳税人识别号： 地 址 、电 话： 开户行及账号：				密码区	（略）		
货物或应税劳务名称	规格型号	单位	数　量	单　价	金　　额	税率	税　　额	
合　　计								
价税合计（大写）	⊗				（小写）			
销货单位	名　　称： 纳税人识别号： 地 址 、电 话： 开户行及账号：				备注	广东博洋服饰有限公司 440162256268024 发票专用章		

第三联 记账联 销货方记账凭证

收款人：谢丽晴　　　　复核：杨欣梅　　　　开票人：王耀林　　　　销货单位：（章）

图 4-61　增值税专用发票

退回产品入库单

2013 年 9 月 25 日　　　　第 1041 号

产品名称	规格	型号	单位	数量	单价/元	金额/元
衬衫			件	5		

仓库主管：陈德明　　　　复核：杨欣梅　　　　验收：李怡华　　　　制单：朱永材

图 4-62　退回产品入库单

38）2013 年 9 月 26 日，根据合同向广东千秋服饰有限公司销售西服 300 件，单价为 362 元，针织衫 550 件，单价为 156 元，开出增值税专用发票。合同约定，按含税价款提供现金折扣，现金折扣条件为（2/10，1/20，*n*/30）。增值税专用发票和产品出库单见图 4-63 和图 4-64。

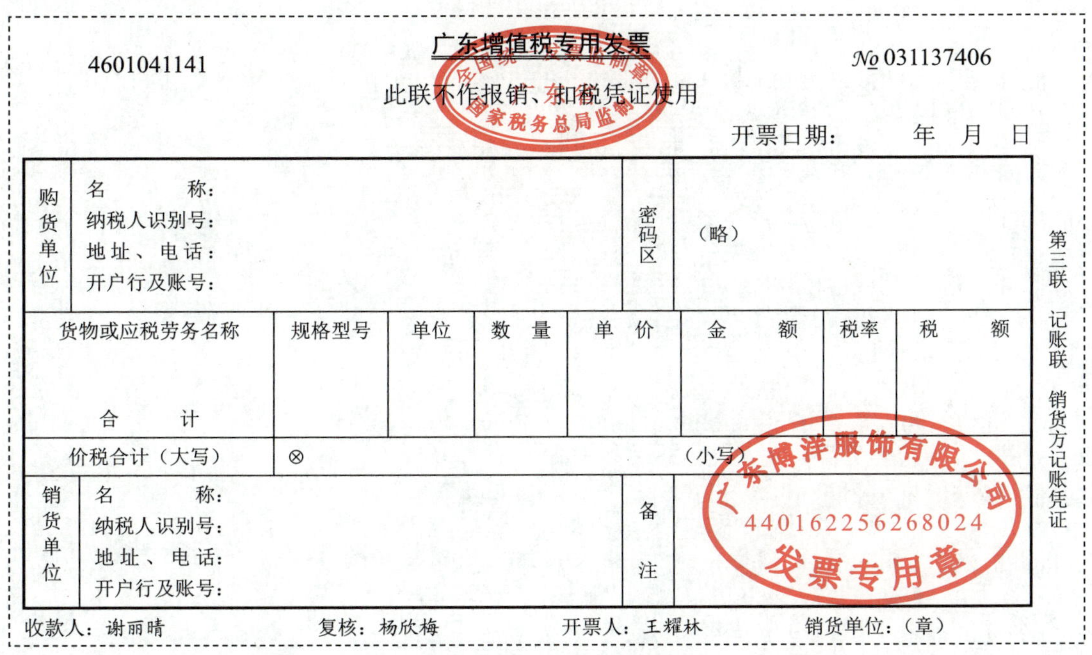

广东增值税专用发票

4601041141　　№ 031137406

此联不作报销、扣税凭证使用

开票日期：　年　月　日

购货单位	名称： 纳税人识别号： 地址、电话： 开户行及账号：				密码区	（略）		
货物或应税劳务名称	规格型号	单位	数量	单价	金额	税率	税额	
合计								
价税合计（大写）	⊗				（小写）			
销货单位	名称： 纳税人识别号： 地址、电话： 开户行及账号：				备注			

收款人：谢丽晴　复核：杨欣梅　开票人：王耀林　销货单位：（章）

第三联 记账联 销货方记账凭证

图 4-63　增值税专用发票

产品出库单

2013 年 9 月 26 日　　第 3445 号

产品名称	规格	型号	单位	数量	单位成本/元	金额/元
西服			件	300		
针织衫			件	550		

仓库主管：陈德明　复核：杨欣梅　发货：朱永材　制单：梁芳

图 4-64　产品出库单

39）2013 年 9 月 26 日，风衣 600 件完工，验收合格入库。产成品入库单见图 4-65。

产成品入库单

2013 年 9 月 26 日　　收字第 408 号

产品名称	规格型号	单位	应收数量	实收数量	金额/元
风衣		件	600	600	

仓库主管：陈德明　复核：朱永材　验收：李怡华　制单：梁芳

图 4-65　产成品入库单

40）2013 年 9 月 28 日，根据合同向广东秋实服饰有限公司销售衬衫 500 件，单价为 89 元，风衣 250 件，单价为 205 元，收到广东秋实服饰有限公司开出的银行承兑汇票。增值税专用发票、银行承兑汇票和产品出库单见图 4-66～图 4-68。

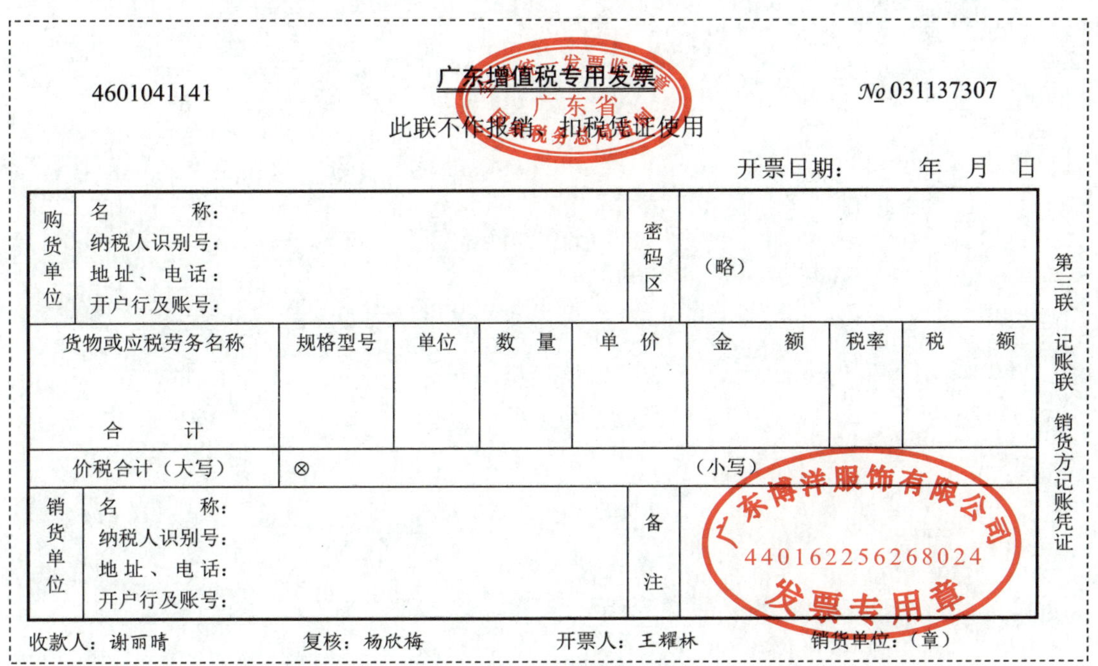

广东增值税专用发票

4601041141　　　№ 031137307

此联不作报销、扣税凭证使用

开票日期：　　年　月　日

购货单位	名　　称： 纳税人识别号： 地 址、电 话： 开户行及账号：	密码区	（略）				
货物或应税劳务名称	规格型号	单位	数　量	单　价	金　　额	税率	税　　额
合　　计							
价税合计（大写）	⊗			（小写）			
销货单位	名　　称： 纳税人识别号： 地 址、电 话： 开户行及账号：	备注					

收款人：谢丽晴　　复核：杨欣梅　　开票人：王耀林　　销货单位：（章）

第三联　记账联　销货方记账凭证

图 4-66　增值税专用发票

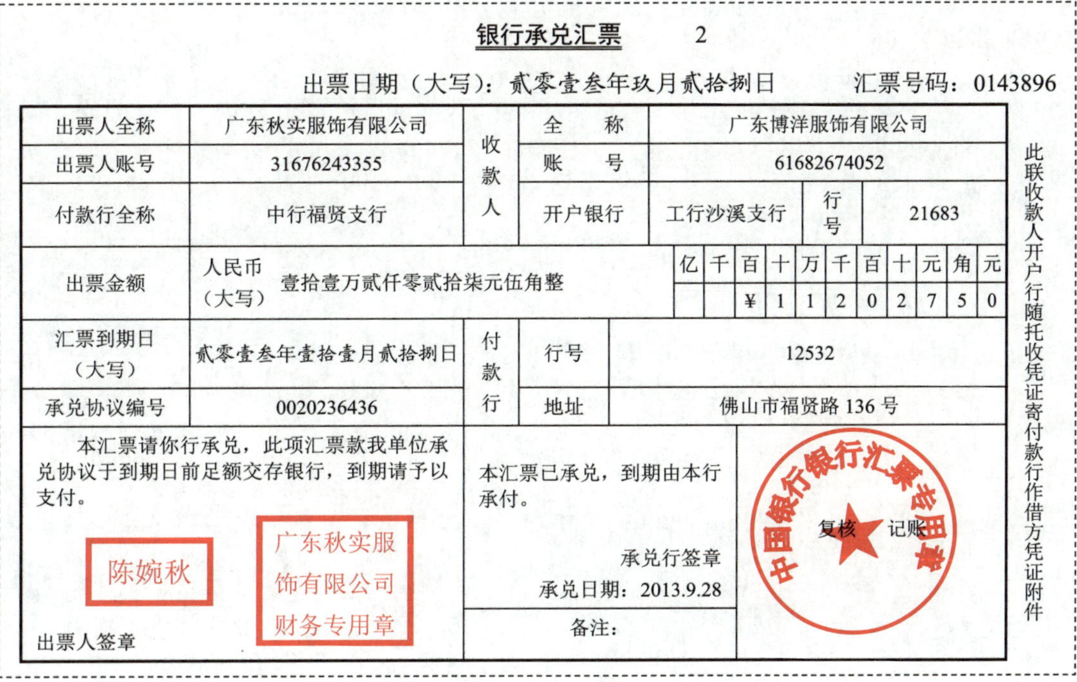

银行承兑汇票　　2

出票日期（大写）：贰零壹叁年玖月贰拾捌日　　汇票号码：0143896

出票人全称	广东秋实服饰有限公司	收款人	全　称	广东博洋服饰有限公司												
出票人账号	31676243355		账　号	61682674052												
付款行全称	中行福贤支行		开户银行	工行沙溪支行	行号	21683										
出票金额	人民币（大写）	壹拾壹万贰仟零贰拾柒元伍角整		亿	千	百	十	万	千	百	十	元	角	元		
						¥	1	1	2	0	2	7	5	0		
汇票到期日（大写）	贰零壹叁年壹拾壹月贰拾捌日	付款行	行号	12532												
承兑协议编号	0020236436		地址	佛山市福贤路 136 号												
本汇票请你行承兑，此项汇票款我单位承兑协议于到期日前足额交存银行，到期请予以支付。 出票人签章		本汇票已承兑，到期由本行承付。 承兑行签章 承兑日期：2013.9.28 备注：		复核　记账												

此联收款人开户行随托收凭证寄付款行作借方凭证附件

图 4-67　银行承兑汇票

产品出库单

2013 年 9 月 28 日　　　　第 3446 号

产品名称	规格	型号	单位	数量	单位成本/元	金额/元
衬衫			件	500		
风衣			件	250		

仓库主管：陈德明　　复核：杨欣梅　　发货：朱永材　　制单：梁芳

图 4-68　产品出库单

41）2013 年 9 月 29 日，收到广东千秋服饰有限公司支付的本月 26 日的货款。转账支票、银行进账单和现金折扣审批单见图 4-69～图 4-71。

中国工商银行支票（粤）　　GS 13853441

付款期限自出票之日起十天

出票日期（大写）贰零壹叁 年玖月贰拾玖日　　付款行名称：工行花城支行

收款人：广东博洋服饰有限公司　　出票人账号：11634153054

人民币（大写）	千	百	十	万	千	百	十	元	角	分
贰拾贰万贰仟捌佰玖拾玖元零肆分		¥	2	2	2	8	9	9	0	4

用途 支付货款　　密码

上列款项请从　　行号

我账户内支付

出票人签章　广东千秋服饰有限公司财务专用章　范锐德　　复核　　记账

附加信息：	被背书人：	被背书人：
	背书人签章 年 月 日	背书人签章 年 月 日

图 4-69　转账支票

中国工商银行进账单(回单)　　1

年　　月　　日

<table>
<tr><td rowspan="3">出票人</td><td>全　称</td><td></td><td rowspan="3">收款人</td><td>全　称</td><td colspan="11"></td></tr>
<tr><td>账　号</td><td></td><td>账　号</td><td colspan="11"></td></tr>
<tr><td>开户银行</td><td></td><td>开户银行</td><td colspan="11"></td></tr>
<tr><td rowspan="2">金额</td><td colspan="4" rowspan="2">人民币
(大写)</td><td>亿</td><td>千</td><td>百</td><td>十</td><td>万</td><td>千</td><td>百</td><td>十</td><td>元</td><td>角</td><td>分</td></tr>
<tr><td></td><td></td><td></td><td></td><td></td><td></td><td></td><td></td><td></td><td></td><td></td></tr>
<tr><td colspan="2">票据种类</td><td></td><td>票据张数</td><td colspan="12" rowspan="3">开户银行盖章</td></tr>
<tr><td colspan="2">票据号码</td><td colspan="2"></td></tr>
<tr><td colspan="4">复核　　　　记账</td></tr>
</table>

此联是开户银行交给持（出）票人的回单

图 4-70　银行进账单

现金折扣审批单

2013 年 9 月 29 日

购买单位	广东千秋服饰有限公司		现金折扣条件	(2/10，1/20，*n*/30)	
商品名称	销售时间	收款时间	价税金额/元	折扣率/%	现金折扣/元
西服	2013.9.26	2013.9.29	127 062.00	2	2 541.24
针织衫	2013.9.26	2013.9.29	100 386.00	2	2 007.72
合计	—	—	¥227 448.00	2	¥4 548.96

会计主管：陈永建　　　　销售主管：王裕峰　　　　制表：梁芳

图 4-71　现金折扣审批单

42）2013 年 9 月 30 日，计算发出材料成本，采用月末一次加权平均法。发出材料单位成本计算表和发出材料成本汇总表见图 4-72 和图 4-73。

发出材料单位成本计算表

2013 年 9 月 30 日　　　　单位：元

材料名称	期初余额			本期购进				单位成本
	数量	单价	金额	购进时间	数量	单价	金额	
毛料								
棉布								
锦纶								
腈纶								
亚麻								
涤纶								

会计主管：陈永建　　　　复核：杨欣梅　　　　制表：谢丽晴

图 4-72　发出材料单位成本计算表

发出材料成本汇总表

2013 年 9 月 30 日　　　　单位：元

部门/用途	毛料			棉布			锦纶			腈纶			亚麻			涤纶			合计
	数量	单价	金额	数量	单价	金额	数量	单价	金额	数量	单价	金额	数量	单价	金额	数量	单价	金额	
西服																			
衬衫																			
针织衫																			
风衣																			
修复风衣																			
合计																			

会计主管：陈永建　　　　复核：杨欣梅　　　　制表：谢丽晴

图 4-73　发出材料成本汇总表

43）2013 年 9 月 30 日，计算分配本月工资费用。工资结算汇总表见图 4-74。

工资结算汇总表

2013 年 9 月　　　　单位：元

部门或用途	基本工资	加班工资	津贴补贴	奖金	应付工资	代扣款	实发工资
生产西服	24 192.00	7 480.00	10 676.80	11 938.24	54 287.04		
生产针织衫	22 464.00	5 364.00	8 785.60	10 810.08	47 423.68		
生产衬衫	12 664.00	3 564.00	6 785.40	7 810.06	30 823.46		
生产风衣	25 192.00	7 180.00	10 876.90	12 038.38	55 287.28		
车间管理人员	11 236.00	1 759.60	6 406.20	2 172.16	21 573.96		
行政管理人员	11 052.00	1 918.00	3 877.20	2 183.76	19 030.96		
销售人员	14 384.00	2 786.30	2 164.50	1 658.46	20 993.26		
合计	121 184.00	30 051.90	49 572.60	48 611.14	249 419.64		

会计主管：陈永建　　　　复核：杨欣梅　　　　制表：谢丽晴

图 4-74　工资结算汇总表

44）2013 年 9 月 30 日，计算分配本月电费。电费分配表见图 4-75。

电费分配表

2013 年 9 月

部门或用途	用电量/度	单价/（元/度）	应分配电费/元
生产西服	19 980	0.95	
生产针织衫	17 760	0.95	
生产衬衫	8 436	0.95	
生产风衣	18 648	0.95	
车间管理	2 860	0.95	
行政管理	1 620	0.95	
销售机构	2 676	0.95	
合计	71 960	0.95	

会计主管：陈永建　　复核：杨欣梅　　制表：谢丽晴

图 4-75 电费分配表

45）2013 年 9 月 30 日，计算分配本月水费。水费分配表见图 4-76。

水费分配表

2013 年 9 月

部门或用途	用水量/吨	单价/（元/吨）	应分配水费/元
生产西服	450	1.93	
生产针织衫	400	1.93	
生产衬衫	190	1.93	
生产风衣	420	1.93	
车间管理	166	1.93	
行政管理	106	1.93	
销售机构	124	1.93	
合计	1 856	1.93	

会计主管：陈永建　　复核：杨欣梅　　制表：谢丽晴

图 4-76 水费分配表

46）2013 年 9 月 30 日，计提本月固定资产折旧。折旧计算表见图 4-77。

折旧计算表

2013 年 9 月 30 日

固定资产类型	固定资产价值/元	月折旧率/%	月折旧额/元
生产用固定资产	4 168 000.00	0.85%	35 428.00
非生产用固定资产	1 594 000.00	0.55%	8 767.00
合计	5 762 000.00	—	44 195.00

会计主管：陈永建　　复核：杨欣梅　　制表：谢丽晴

图 4-77 折旧计算表

47）2013 年 9 月 30 日，分配结转本月制造费用。制造费用分配表见图 4-78。

制造费用分配表

2013 年 9 月 30 日

产品项目	分配标准/工时	分配率/（元/工时）	分配金额/元
生产西服	1 800		
生产针织衫	1 600		
生产衬衫	760		
生产风衣	1 680		
合计	5 840		

会计主管：陈永建　　复核：杨欣梅　　制表：谢丽晴

图 4-78　制造费用分配表

48）2013 年 9 月 30 日，分配结转本月废品净损失。内部转账单见图 4-79。

内部转账单

2013 年 9 月 30 日　　转字第 401 号

摘要	结转科目			转入科目		
	总账科目	明细科目	金额/元	总账科目	明细科目	金额/元
合计						

会计主管：陈永建　　会计：杨欣梅　　制表：谢丽晴

图 4-79　内部转账单

49）2013 年 9 月 30 日，计算完工产品成本。完工产品成本计算单见图 4-80~图 4-83。

完工产品成本计算单

2013 年 9 月 30 日　　单位：元

产品名称：西服（件）　　完工产品数量：

项目	直接材料	直接人工	电费	水费	制造费用	其他费用	合计
期初在产品成本							
本月生产费用							
生产费用合计							
完工产品成本							
期末在产品成本							
单位成本							

会计主管：陈永建　　复核：杨欣梅　　制表：谢丽晴

图 4-80　完工产品成本计算单

17）2013年9月30日，[illegible]表如图4-78。

[illegible]

2013年9月30日

[illegible]	[illegible]	[illegible]	[illegible]
[illegible]	1000	[illegible]	[illegible]
[illegible]	1000	[illegible]	[illegible]
[illegible]	[illegible]	[illegible]	[illegible]
[illegible]	[illegible]	[illegible]	[illegible]
[illegible]	640	[illegible]	[illegible]

图4-78 [illegible]

18）2013年9月30日，[illegible]

[illegible]

2013年9月30日

图4-79 [illegible]

[illegible]

[illegible]

2013年9月30日

图4-80 [illegible]

完工产品成本计算单

2013 年 9 月 30 日　　单位：元

产品名称：针织衫（件）　　完工产品数量：

项目	直接材料	直接人工	电费	水费	制造费用	其他费用	合计
期初在产品成本							
本月生产费用							
生产费用合计							
完工产品成本							
期末在产品成本							
单位成本							

会计主管：陈永建　　复核：杨欣梅　　制表：谢丽晴

图 4-81　完工产品成本计算单（二）

完工产品成本计算单

2013 年 9 月 30 日　　单位：元

产品名称：衬衫（件）　　完工产品数量：

项目	直接材料	直接人工	电费	水费	制造费用	其他费用	合计
期初在产品成本							
本月生产费用							
生产费用合计							
完工产品成本							
期末在产品成本							
单位成本							

会计主管：陈永建　　复核：杨欣梅　　制表：谢丽晴

图 4-82　完工产品成本计算单（三）

完工产品成本计算单

2013 年 9 月 30 日　　单位：元

产品名称：风衣（件）　　完工产品数量：

项目	直接材料	直接人工	电费	水费	制造费用	其他费用	合计
期初在产品成本							
本月生产费用							
生产费用合计							
完工产品成本							
期末在产品成本							
单位成本							

会计主管：陈永建　　复核：杨欣梅　　制表：谢丽晴

图 4-83　完工产品成本计算单（四）

50）2013 年 9 月 30 日，计算并结转本月产品销售成本。发出产品单位成本计算表和产品销售成本汇总表见图 4-84 和图 4-85。

发出产品单位成本计算表

2013 年 9 月 30 日　　单位：元

产品名称	期初余额			本期完工				加权单位成本
	数量	单位成本	金额	入库时间	数量	单位成本	金额	
西服								
衬衫								
针织衫								
风衣								

会计主管：陈永建　　复核：杨欣梅　　制表：谢丽晴

图 4-84　发出产品单位成本计算表

产品销售成本汇总表

2013 年 9 月　　单位：元

产品名称	计量单位	销售量	单位成本	总成本
合计				

会计主管：陈永建　　会计：杨欣梅　　制单：梁芳

图 4-85　产品销售成本汇总表

51）2013 年 9 月 30 日，计算本月应交城市维护建设税（7%）和教育费附加（3%）。税费计算表见图 4-86。

税费计算表

2013 年 9 月 30 日

税（费）种	计税基数/元	税（费）率/%	税（费）额/元	备注
城市维护建设税				
教育费附加				
合计				

会计主管：陈永建　　会计：杨欣梅　　制单：梁芳

图 4-86　税费计算表

52）2013 年 9 月 30 日，结转本月损益类账户。损益类账户发生额表和内部转账单见图 4-87～图 4-89。

损益类账户发生额表(结转到本年利润前)

2013 年 9 月　　　　单位：元

收入类账户	借方发生额	贷方发生额	费用类账户	借方发生额	贷方发生额
合计			合计		

会计主管：陈永建　　会计：杨欣梅　　制单：梁芳

图 4-87　损益类账户发生额表

内部转账单

2013 年 9 月 30 日　　　　转字第 402 号

摘要	结转科目			转入科目		
	总账科目	明细科目	金额/元	总账科目	明细科目	金额/元
结转收入类账户						
合计						

会计主管：陈永建　　会计：杨欣梅　　制单：梁芳

图 4-88　内部转账单（一）

内部转账单

2013 年 9 月 30 日　　　　转字第 403 号

摘要	结转科目			转入科目		
	总账科目	明细科目	金额/元	总账科目	明细科目	金额/元
结转费用类账户						
合计						

会计主管：陈永建　　会计：杨欣梅　　制单：梁芳

图 4-89　内部转账单（二）

53）2013 年 9 月 30 日，计算并结转本月应交所得税，企业所得税税率为 25%。税费计算表和内部转账单见图 4-90 和图 4-91。

税费计算表

2013 年 9 月 30 日

税（费）种	计税基数/元	税（费）率/%	税（费）额/元	备注
所得税				
合计				

会计主管：陈永建　　会计：杨欣梅　　制单：梁芳

图 4-90　税费计算表

内部转账单

2013 年 9 月 30 日　　转字第 404 号

摘要	结转科目			转入科目		
	总账科目	明细科目	金额/元	总账科目	明细科目	金额/元
结转所得税费用						
合计						

会计主管：陈永建　　会计：杨欣梅　　制单：梁芳

图 4-91　内部转账单

54）2013 年 9 月 30 日，结转“本年利润”账户余额到“利润分配——未分配利润”账户。内部转账单见图 4-92。

内部转账单

2013 年 9 月 30 日　　转字第 405 号

摘要	结转科目			转入科目		
	总账科目	明细科目	金额/元	总账科目	明细科目	金额/元
结转本年利润账户余额						
合计						

会计主管：陈永建　　会计：杨欣梅　　制单：梁芳

图 4-92　内部转账单

55）2013 年 9 月 30 日，计提法定盈余公积金，计提比例为 10%。计提盈余公积决议和法定盈余公积金计提表见图 4-93 和图 4-94。

广东博洋服饰有限公司股东大会决议

经股东大会一致同意，形成决议如下：

经股东大会决议批准，广东博洋服饰有限公司决定按税后利润的10%提取法定盈余公积金。

广东博洋服饰有限公司

董事长：李润华

2013年9月30日

图4-93　计提盈余公积决议

法定盈余公积金计提表

2013年9月30日

项目	计提基数/元	计提比例/%	计提金额/元	备注
法定盈余公积				
合计				

会计主管：陈永建　　会计：杨欣梅　　制单：梁芳

图4-94　法定盈余公积金计提表

56）2013年9月30日，经股东大会决议批准，广东博洋服饰有限公司决定向投资者分配利润100 000元。利润分配决议见图4-95。

广东博洋服饰有限公司股东大会决议

经股东大会一致同意，形成决议如下：

经股东大会决议批准，广东博洋服饰有限公司决定向投资者分配利润100 000元。

广东博洋服饰有限公司

董事长：李润华

2013年9月30日

图4-95　利润分配决议

57）2013年9月30日，结转“利润分配”账户除“未分配利润”明细账户外的其他明细账户。内部转账单见图4-96。

内部转账单

2013年9月30日　　转字第406号

摘要	结转科目			转入科目		
	总账科目	明细科目	金额/元	总账科目	明细科目	金额/元
结转利润分配数额到未分配利润						
合计						

会计主管：陈永建　　会计：杨欣梅　　制单：梁芳

图4-96　内部转账单

参考文献

财政部会计资格评价中心．2011．初级会计实务[M]．北京：中国财政经济出版社．

程运木．2012．企业财务会计[M]．6版．北京：中国财政经济出版社．

李桂兰，肖英姿，陈笑英．2010．企业会计岗位实务[M]．北京：中国物资出版社．

罗绍明．2012．企业财务会计[M]．北京：机械工业出版社．

企业会计准则编审委员会．2012．企业会计准则案例讲解[M]．上海：立信会计出版社．

谢丽萍．2009．企业会计岗位核算（修订本）[M]．广州：广东高等教育出版社．

薛启芳，陈德志．2010．财务会计[M]．北京：电子工业出版社．

赵宇，方建新．2010．新编财务会计实训[M]．北京：电子工业出版社．